これだけは押さえておきたい！

子どもの 安心・安全を守る 場面別 保育の チェックポイント

松原美里 著

中央法規

はじめに

　子どもたちが笑顔で過ごせる日常は、実は　保育者のたくさんの配慮のうえに成り立つ「奇跡の瞬間の積み重ね」といえるのではないかと感じています。

　夢を抱いて保育の道に進んだ方が最初に感じるハードルは、現場の先輩による「見ていて」という声かもしれません。
　私自身、新人で現場に入ったときには何を求められているのかがよくわからず、たくさんの失敗がありました。同時に、先輩方の背中を見ながら、「ああ、この場面では、こういう配慮が必要だったのか」と学ぶことも多くありました。

　かつて保育現場では、新人はベテランと一緒に組んで、保育を行いながら学ぶ場面がありました。家庭での子育てにおいては、地域の子どもたちを見て、子どもへのかかわり方を学ぶ機会がありました。現在は、子どもへのかかわり・子どもの姿が見えない社会へと変化してきています。

　私が、現場実践力を高める講座や新人研修の講師をしている中で感じているのは、ベテランが「当たり前」だと感じている配慮が新人に伝わっておらず、「動ける」保育者が走り回ることになって「人が足りない」状態になっていること。それらにより、「ヒヤリハット」やアクシデントにつながってしまう事例がたくさんあることでした。
　そうなる前に、「この場面では、ここをチェックしておこう」という"暗黙の了解"がひと目でわかる共通のものがあればいいのに……と感じていました。

　事故予防のために、「やらない」「止める」選択をすることもあるでしょう。ですが、これは本質的な解決になるのでしょうか？
　私の周囲では、「安全のために」と禁止項目を増やし、保育者が目を光らせるほどに、子どものけがや事故が増えていくという残念な現状がありました。「禁

止」によって経験が不足し、体の使い方を体得することができずに、自分の身の守り方やチャレンジの仕方がわからない子どもが増えたためでした。

　この経験から、「どうすれば、子どもが自分で自分の身を守りながらチャレンジを楽しむことができるのか？」という問いを保育者間で共有し、"みる"ことや体験から学べるような配慮を共有することに注力するようになりました。それにより、子どもたちのけがや事故、感染症への罹患も減っていったのです。

　AIの活用やICT化が進む社会において、子どもたちの"五感体験"が未来を創るカギとなります。

　子どもの活動を制限するのではなく、大人が子どもを支え・見守る視点が備わり、子どもにやさしい社会を創り出すためにも、子どもがどんどんチャレンジできる・体験から学ぶことができる・体中で生きる喜びを味わうことができるような、"見守りの人的環境"を底上げしていきたい。未知の未来をクリエイティブに創り出していくために、ネットワークで叡智を共有し、子どもたちの豊かな発達とチャレンジを支えていきたい。

　そんな思いから、保育コミュニケーション協会オンラインサロンのメンバーを中心に、保育の様々な場面における子どもの安心・安全について、「園ではどうしていますか？」という問いを投げかけ、園の背景や基準を集めてきました。

　本書では、全国のサロンメンバーの声を参考に、「ここは押さえておきたい」というポイントを、1日の流れ・1年の流れの観点でまとめました。

　これから現場に立とうとしている保育者には、「基本的な見守りの仕方」「危険予知につながる目線」を養う一助に、すでに働いている保育者には、これまでの保育の確認と後輩育成に役立てていただければ幸いです。また、不安を安心に変えたいと思っている保育者や学生、保護者など、子どもにかかわるすべての人々へ向けた【子ども安全検定】(119ページ参照)のテキストとしてもご活用ください。本書が保育への誇りを感じるきっかけになることを願っています。

松原　美里

これだけは押さえておきたい！
子どもの安心・安全を守る　場面別　保育のチェックポイント

はじめに ……………………………………………… 2
本書の特長 …………………………………………… 8

第1章　1日の安心・安全 …………… 9

1　朝の送迎

❶ 受け入れ準備
　スムーズに保育に入れるよう室内環境を整える …… 10
❷ 視診
　受け入れ時の"5秒チェック"で子どもの状態を確認 … 12
❸ 朝の支度
　親子への対応と朝の支度の見守りを同時に行う …… 14
❹ 出欠の確認
　主活動が始まる前に、
　保護者からの連絡の有無を確認する ………………… 16

2　自由遊び

❶ 室内での自由遊び
　すぐに動ける姿勢と立ち位置で見守る ……………… 18
❷ 園庭での自由遊び
　子どもがどこで何をしているかを把握し、
　クラスを超えて見守る ………………………………… 20

3　散歩

❶ 出発時
　同行する保育者を確保し、スムーズに出発できる工夫をする … 22
❷ 移動時
　アイコンタクトと声かけで状況を共有し、
　安全を最優先する ……………………………………… 24
❸ 公園で
　子どもから目を離さず、随時、人数を確認する …… 26

4 保育活動

❶ 製作（準備）
無理のないプランと集中できる環境を用意する ------ 28

❷ 製作（活動中）
個々のペースで進められるように見守る ---------- 30

❸ 運動・集団遊び
安全なスペースで、発達段階や身体能力に応じた活動をする -- 32

❹ 水遊び
保育者の数を確保し、事故や体調の変化に細心の注意を払う -- 34

5 生活

❶ 食事（授乳）
授乳は衛生と安心に配慮した環境で行う ---------- 36

❷ 食事（離乳食）
保育者、調理室職員、家庭とが連携して、子どもの食を支援する -- 38

❸ 食事（1・2歳児）
食への意欲を大切に職員間で連携し、事故やけがを防ぐ -- 40

❹ 食事（アレルギー）
食物アレルギーは生命にかかわる疾患。誤食は徹底的に防ぐ -- 42

❺ 手洗い
手洗いの方法を伝え、きちんと手が洗えるよう見守る -- 44

❻ おむつ替え
汚れたらすぐに替えて、心地よさを感じられるようにする -- 46

❼ トイレ
排泄に慣れるまでは一対一で見守り、自立を支援する -- 48

❽ 歯みがき
歯みがきの大切さを伝え、園での歯みがきは必ず見守る -- 50

❾ 午睡
必ず子どもの顔が見えるようにし、呼吸チェックを怠らない -- 52

❿ 着替え
楽しくなる声かけと脱ぎ着しやすい衣服で、できることを増やしていく -- 54

6 降園時

❶ 引き渡し
保育者間で連携し、子どもの保育と保護者対応を行う -- 56

❷ 降園時の確認
保育の最終確認と、翌日に向けての準備を行う ------ 58

第2章 1年の安心・安全 61

1 新入・進級

❶ 新入・進級児の安全
子どもの不安を受け止め、
新しい環境に慣れる手助けを 62

❷ 4月の環境設定
安心・安全を第一に、わかりやすく、
動きやすい環境を 64

❸ 4月の友だち関係
子どもの動きを把握し、友だち関係の構築を見守る 66

2 遠足・園外保育

❶ 場所の下見
あらゆるトラブルを想定して下見を行う 68

❷ 集合・出発
子どもの人数、持ち物、約束事を再確認する 70

❸ 公共の乗り物
まとまって行動し、周囲への配慮も忘れない 72

＜参考＞ 園外に出るときに必要な物リスト 74

3 園行事

❶ 運動会（準備・練習）
子どもを主役に、発達をふまえて計画する 76

❷ 運動会（当日）
子どもを見守りつつ、
保護者と一緒につくる意識をもつ 78

❸ 生活発表会
自由に表現する喜びが味わえる内容と進行にする 80

4 季節の体調管理

❶ 春
環境の変化による心身の不調に注意する 82

❷ 夏
注意報や警報に留意し、活動の判断をする 84

❸ 秋
行事で、子どもの心身に負担がかからないようにする ... 86

❹ 冬
寒さ対策を万全に、風邪などの感染症に注意する 88

5 年度末・卒園

❶ 卒園・引き継ぎ
期待と不安で混乱する子どもの心身を守る 90

第3章 クラス担任の基礎知識 93

- ポイント1　3つの「みる」を押さえる 94
- ポイント2　子どもとの信頼関係を築く 96
- ポイント3　職員間の連携を大切にする 98
- ポイント4　保護者とパートナーになる 100
- ポイント5　保育者自身も心と体を守る 102
- ポイント6　経験値ごとに目指す保育の専門性 104

巻末資料 106

- 事故の初期対応 107
- 応急手当 108
  誤嚥や窒息／出血／けいれん／熱中症／やけど
- 食物アレルギー対応 112
- 救命処置 113
- 乳幼児突然死症候群 113
- 子どもがかかりやすい感染症 114

本書の特長

- 保育施設において、子どもが毎日、安心して生活し、安全に過ごすことができるための保育の基本――「当たり前」を、1日・1年の流れを追いながら網羅しました。
- これまで言語化されることが少なかったベテランの視点や知識を見える化しました。

この場面で、保育者は何をすべきか、具体的に取り組む行動をあげています。

左ページの行動をなぜする必要があるのか、その根拠を示しています。

左ページの行動をする際、具体的に何をどうすべきかをリストにしています。

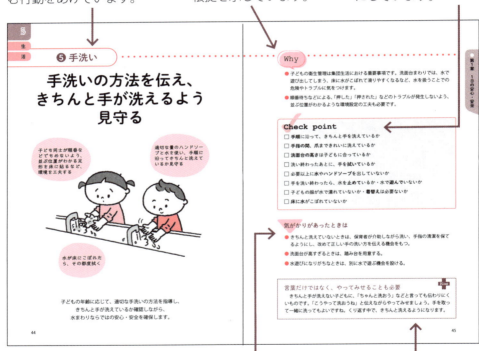

Check Pointの確認をとった際、気になったことがあったときにどうすべきかをあげています。

この見開きの場面で、補足したい情報をあげています。

本書は、保育者の「子どもの安全」に対する知識と技術の向上を目的としており、子どもの安全を保障するものではありません。

第1章
1日の安心・安全

日々、子どもと過ごす保育者が身につけておきたい、
安心・安全につながる環境、基本的な見守りの仕方、
危険予知につながる目の配り方などを、1日の流れを追ってまとめます。

1 朝の送迎

❶ 受け入れ準備

スムーズに保育に入れるよう室内環境を整える

- 窓を開けて、空気を入れ替える
- シフト表を見て、誰がいつ出勤するか把握する
- 前日からの申し送りがないか確認する
- 死角が生まれないよう、テーブルや棚の配置を見直す

出勤したらまず、その日のシフトや前日からの申し送りなどを確認してから、子どもの受け入れがしやすいように室内環境を整えます。朝は様々なことが起こり得るので、環境を整えながら予想外のできごとにも対応できる心の準備も大切です。

Why

- 子どもの登園前に環境を整えておくことで、その日の保育をスムーズに進めることができるからです。
- 朝は保育者の数が限られており、送迎時の対応で人手がとられるため、より安全な環境づくりが必要です。

Check point

- ☐ **体調不良**などで**欠勤**する保育者がいるか
- ☐ 子どもの**欠席や遅刻**などの連絡が入っているか
- ☐ 送り・迎えの**変更**、前日の**アクシデント**はないか
- ☐ テーブルや棚の配置は、**子どもの安全に配慮**されているか
- ☐ 子どもが過ごしやすい**室温**か
- ☐ 室内は**清潔**で、**整理・整頓**が行き届いているか（物が落ちたりしていないか）
- ☐ 窓を開けて**換気**を行ったか
- ☐ いつ何があっても**対応できる態勢**にあるか

気がかりがあったときは

- シフトの変更や子どもの人数の変更があったときは、改めて体制の確認をし、必要に応じて園長や主任などにサポートを依頼する。
- 子どもにとっての適温が保てるように、室温をコントロールする。エアコン、暖房、加湿器などで湿度は60%を目安にする。
- 落ちている物は、片づける。
- 嘔吐や下痢に対応できるよう、ポケットに使い捨て手袋、マスク、ポリ袋などの準備をしておく。

第1章　1日の安心・安全

1 朝の送迎

❷ 視診

受け入れ時の"5秒チェック"で子どもの状態を確認

保護者には笑顔で対応

チェック！

後ろにいる子どもも意識

さりげなく触れる

子どもの全身を五感で確認

子ども、保護者と朝のあいさつをしている間の5秒間で、
子どもの状態を確認します。
表情、目、皮膚の様子を見て、
さりげなく子どもに触れて体温もチェックしましょう。

Why

- 保育中に体調が悪くなったり、湿疹が出たりしたとき、朝の確認ができていると、どのタイミングから異変が始まったのかを把握しやすくなります。朝の確認を怠ったことで、感染が拡大することもあります。
- 視診で、いつもと違う様子や気になったことがあれば、担任間で共有することで、変化に気づきやすくなります。

Check point

- ☐ **元気な声であいさつ**ができたか・**曇った表情**をしていないか
- ☐ 目が**腫れ**ていないか・**充血**していないか・肌に**腫れ**や**湿疹**、**赤み**などはないか
- ☐ **顔色**が悪くないか・**鼻水**や**咳**はないか・**呼吸音**に異常はないか
- ☐ **顔や目など見える場所に傷やあざ**はないか
- ☐ いつもよりも元気がないなど、**いつもと違う様子**はないか

（触れて確認）

- ☐ **熱っぽさ**は感じないか
- ☐ **痛がったり**しないか・**触れられる**のを極端に嫌がったりしないか

気がかりがあったときは

- 目が赤いときは、アレルギーがあるか調査票などで確認し、必要に応じて眼科などの受診をすすめる。
- 傷やあざは、受け入れ時にどのような状態だったのかをあとで振り返られるよう、子どもの気持ちに配慮しつつ、写真で残す。
- 痛がっている場合、園に来るまでに転倒やぶつけたというケースも。しばらくしてから嘔吐や青あざが出てくる場合もあるため、状況を聞いて記録に残す。
- 視診の際に熱っぽさや湿疹などに気づいたら、その場で保護者に伝え、確認し、場合によっては受診を依頼する。
- 受け入れ後に発熱などに気づいたときは、その時点ですぐに保護者に連絡をする。すぐ迎えに来られないという返答には、気持ちに寄り添いながらもできるだけ早いお迎えを要請する。

朝の送迎

❸ 朝の支度

親子への対応と朝の支度の見守りを同時に行う

- 支度をする子どもを見ながら、登園してくる親子に対応する（入り口に背中を向けない）
- 保育者同士でアイコンタクトを取り合い、すばやく役割分担
- 困っている子どもに、声をかけたり、手を貸したりする
- 入り口には必ず職員が立ち、子どもが出ていかないように

朝の支度は、子どもが自分でできることは自分でするように見守り、必要に応じて手を貸すようにします。
次々と登園してくる親子の対応に追われがちなので、保育者同士で連携し、誰かが必ず子どもがどこにいるかを見ていましょう。

Why

- 1日の中でもとくに忙しい時間帯で、子どもから目を離しやすく、子ども同士のトラブルやけがなどの事故が起きやすいためです。
- 子どもを引き渡されたら、保育者が責任をもって預かります。
- 担任以外の大人がかかわることも多いため、情報共有や声かけをていねいにする必要があります。

Check point

- ☐ **登園してくる親子**はいないか・誰か対応しているか
- ☐ 朝の支度に**とまどっている**子どもはいないか
- ☐ **入り口から出ていく**子どもはいないか
- ☐ 出入りのあとの、**柵や鍵の閉め忘れ**はないか
- ☐ 朝の支度が終わった子どもが、遊べているか
- ☐ **遊べる場所**、子どもの興味・関心をふまえた**遊び環境**、**おもちゃ**などは用意されているか
- ☐ 子ども同士で**トラブル**が起きていないか
- ☐ 子どもが**ウロウロ**する、**走り回る**、おもちゃを**投げる・散らかす**など、時間をもて余す様子はないか

気がかりがあったときは

- 入り口の保育者が対応しきれていないときは、「おはようございます」と声だけでも先にかける。
- 困っている子どもがいたら、「どうしたの？」とさりげなく声をかけ、フォローする。
- 子どもが遊びに飽きているようなら、子どもが興味をもてる遊びや環境を用意する。
- 保育者間で、大枠の役割・立ち位置を先に決めておくとスムーズに対応ができる。

第1章 1日の安心・安全

1 朝の送迎

❹ 出欠の確認

主活動が始まる前に、保護者からの連絡の有無を確認する

欠席や遅刻などの連絡が入っていないか確認する

欠席をとりまとめ、事務所や調理室などに報告する

登園が終わり、主活動が始まるまでの時間に
保護者からの連絡がないかどうかを確認し、
登園状況を明確に記録しておきましょう。確認の際は、
保育者一人は必ず子どもを見守り、子どもから目を離さないようにします。
誰が確認するのか、確認後の報告の流れなども決めておきます。

Why

- 忙しい中でも、決まった時間に情報を確認する習慣を身につけることで、情報の抜けや漏れを防ぐことができます。
- 保護者からの連絡に気づかないと、不信感につながることもあります。確認のタイミングを決め、習慣にする必要があります。
- 重要な連絡を保育者間で共有し、その日の予定や計画、連携につなげる必要があります。

Check point

- ☐ 未登園児の連絡のあり・なしを確認したか
- ☐ 受け取った内容で気になることを、担任間、リーダー、主任に**相談や報告**をしたか
- ☐ **食数に変更**がある場合、**給食室に連絡**をしたか
- ☐ **出席回答数**と現状の**出席・在籍数**は合っているか

気がかりがあったときは

- 規定の時間までに登園せず、連絡もない場合は、保護者に連絡を入れる。
- 保護者からの疑問や質問で返答に時間を要するものはメモなどをしておき、主任や園長に確認したあと、返事をする。
- 受けた連絡がその日の活動に影響がある場合は、リーダー、主任に相談する。
- 前日までに受けている連絡と当日の連絡を合わせた子どもの人数・状態を、当日の担当者に共有し、役割分担をしておく。

第1章 1日の安心・安全

2 自由遊び

❶ 室内での自由遊び

すぐに動ける姿勢と立ち位置で見守る

- 子ども一人ひとりの顔色や表情、動きなどの変化に注意する
- 子どもの動きを予想し、先まわりして危険を避ける
- 上下左右に視線を動かして、意識的に子ども全員を見る
- 立て膝で、子どもの目線になりつつ、すぐに動けるように

登園後、そのまま自由遊びに入る園も多いでしょう。室内遊びでは、保育者は子どもの遊びを見守りながらも、危険やトラブルにすぐに対処できる姿勢、立ち位置を心がけます。

Why

- 子どもが主体的に遊ぶためには、年齢に応じた安全な環境（家具の高さや配置、机の角をカバーするなど）を整えておくことと、保育者の見守りが必須となります。
- ぶつかる、投げたものが当たる、けんかをして手を出すなど、子どもの危険を察知したらすぐ動いて止められるような立ち位置や姿勢が求められます。

✓ Check point

- ☐ 衣服に**ひもがついている**（引っかかる）、**すそが長い**（踏んで転倒する）、**パーカー**（首が引っ張られる）など、**危険のある服**を着ている子どもはいないか
- ☐ おもちゃを**口に入れ**たり、**投げようとしたり**していないか（とくに乳児）
- ☐ 頭や顔がぶつかる位置に、**机の角**など危険なものがないか
- ☐ 子どもがじっくり**遊び込める環境**があるか
- ☐ **安全を確保**しながらも、子どもの「投げたい」「高いところにのぼりたい」「大きく体を動かしたい」などの**気持ちを満たす環境**があるか
- ☐ 後ろに下がると壁にぶつかる、このままだとどちらかが手を出すことになるなど、**危険が予測される動き**はないか
- ☐ **顔色**、**表情**、**体の動き**、**機嫌**など、いつもと違う様子の子どもがいないか

▼ 気がかりがあったときは

- 危険のある服を着ている子どもがいたら着替えさせる。
- 危険を察知したらすぐに駆け寄り、まずは子どもを体で受け止め守る。
- 友だちに手を出しそうなサインや、子ども同士のトラブルに気づいたときは、気持ちが落ち着くよう、その場面を肯定的する言葉をかけつつ駆け寄り、気持ちを代弁するなどの対応をする。

❷ 園庭での自由遊び

子どもがどこで何をしているかを把握し、クラスを超えて見守る

- 子どもに遊び相手を求められたら応えつつ、ほかの子どもから目を離さない
- 死角をつくらないよう保育者同士で連携し、園庭の隅々まで目を行き届かせる
- 危険をともなう遊具や場所のそばに、必ず保育者がつく
- 一人の子どもとやりとりをするときも、常に全体を把握する

園庭での自由遊びで大切なのは、
子どもがどこで何をしているか常に把握しておくこと。
年齢が違う子どもが同時に園庭で遊ぶ場合は、遊び方の違いに配慮した見守りがとくに必要です。クラスを超えた保育者同士の連携が求められる場面です。

> **Why**

- 一般的に園庭は、室内に比べて危険なものや場所が多いので、それぞれの危険性について保育者同士、情報を共有しておく必要があります。
- 保育者はできるだけ口や手を出さず、子どもの主体的な遊びを見守ります。年齢の違う子どもが混ざり合って遊ぶ場合などはとくに、安全への注意を心がけます。

✓ Check point

- ☐ **死角**になっている場所はないか（築山の向こう側、滑り台の陰など）
- ☐ 自分の**クラス**や**担当**の子どもはどこにいるか
- ☐ いるべき人数がいるか（こまめに**人数を確認**する）
- ☐ **危険をともなう遊具**（ブランコ、すべり台、アスレチック遊具など）のそばに保育者がついているか
- ☐ **顔色**、**表情**、**体の動き**、**機嫌**など、いつもと違う様子の子どもがいないか
- ☐ **トラブル**に発展しそうな**子ども同士のやりとり**はないか
- ☐ ミニトマトなど、口に入れる可能性のある**栽培物**はないか
- ☐ 保育者同士の**視線**に死角が生まれないような**立ち位置**にいるか
- ☐ もち場を離れるときは、**声かけやアイコンタクトで連携**をとっているか

▼ 気がかりがあったときは

- 危ないと思ったときは、すぐに駆け寄る。体で受け止め、守ることを最優先する。それにより、もち場から離れるときは、「こっちをお願いします」などと指示を出すなど、保育者間で連携する。
- 子どもを見失ったら、本当にいないのか、人数確認を行う。今いる子どもたちを見ながら、ほかの保育者に報告し、対応を相談する。
- 園庭にいないとわかった時点で管理職に報告し、探しに行く体制を組む。
- 子どもが口に入れる可能性のある栽培物が実っていたら、事前にネットをかぶせるなどする。

第1章 1日の安心・安全

3 散歩

① 出発時

同行する保育者を確保し、スムーズに出発できる工夫をする

出かける準備がスムーズにできるように、子どもに声をかけ、支度を促し、手伝ったりする

子どもと交通ルールや外での約束ごと（友だちと手をつなぐ、飛び出さない、信号や横断歩道ではいったん停止する、大きな声を出さないなど）を確認する

出かける子どもの人数を確認する

園外に出る散歩では、
子どもの数に対して保育者の数が十分であることが必要です。
そのうえで、声かけなどを工夫して、
スムーズに出発できるようにしましょう。

> **Why**

- 出先で、子どもがけがをしたり体調を崩したりすることもあります。急なトラブルにも対処できるよう、保育者の数を十分に確保しておく必要があります。
- 集合から出発までの時間があまりに長いと、子どもは飽きてしまい、安全な移動がしづらくなります。

✓ Check point

- ☐ 出かける子どもは**何人**か・出かける子どもの**体調に不安**はないか
- ☐ 行き先にあった**服装**か
- ☐ **トイレ**に行く、**帽子**をかぶる、**靴**をはくなどの準備はできたか
- ☐ 準備ができた子どもが飽きずに待てているか
- ☐ **園に残る子ども**は何人か・見ている保育者はいるか
- ☐ 保育者間で**行き先**や**人数**の情報を共有しているか
- ☐ **子どもの数**に対し、目が届く数の保育者がいるか
- ☐ 園との**連絡手段**を確保しているか
- ☐ **急な雨**の予報はないか（天気予報を確認する）
- ☐ **保育者の持ち物**はそろっているか　　園外に出るときに必要な物リスト：74〜75ページ参照 ➡
- ☐ 近隣の園と目的地が重なっていないか。第2、第3の目的地は考えてあるか（目的の公園が狭い場合、場所の変更をする必要があるため）

気がかりがあったときは

- 子どもの数に対して十分な保育者が確保できないときは、出かけない決断をする。
- 体調に不安がある子ども、「行きたくない」という子どもは、無理して連れて行かず、園で過ごせるようにする。
- 出発に時間がかかりそうなときは、手遊びなどを用意して、子どもが飽きずに待てるようにする。
- 天気予報で急な雨の予報があったり、雲行きが怪しいときは、行き先を近い場所にするなどの対応をする。雷が鳴っているときは出かけない。

3 散歩

❷ 移動時

アイコンタクトと声かけで状況を共有し、安全を最優先する

- リーダーが先頭を歩き、後ろを見ながら、歩くペースを調整する

- 真ん中につく保育者は、車道側を歩き、前と後ろのやりとりをつなぐ

- 後ろの保育者は、全体を見渡す。自分の後ろにも意識を向け「車が来ます」などの危険も伝える

- 子どもが自分で交通マナーに気づけるように声をかける

- 狭い道は端に寄って歩き、車や自転車、歩行者が通る場合は止まって待つ

園外に出る散歩では、保育者がどこについて、どのように声をかけながら、どう安全を守るか、四季折々の変化に気づける声かけができるかなど、同時にいくつもの判断が必要です。

Why

- 保育者は子どもの安全を守る責任があります。自転車や車、不特定多数の人が行きかう公道では危険も多く、常に安全を意識した行動が求められます。
- 保育者は、子どもが安心して地域とかかわる体験としての散歩を、大切にする必要があります。

Check point

(出発前)

☐ **帽子**は身につけているか

☐ **具合の悪そうな子ども**はいないか

☐ その日の**散歩の目的**が保育者間で共有できているか

☐ **トイレの場所**は把握できているか

(移動中)

☐ 子どもは散歩を楽しんでいるか

☐ **並び方**に問題はないか(通行人や自転車などのじゃまになっていないか)

☐ **子どもの目線での危険**はないか(枝などが目に入ることも)

☐ **全員**そろっているか(常に人数確認)

☐ **前後左右に危険**はないか(自転車、車などの確認)

☐ **横断歩道**では、車道から離れて立っているか(車が突っ込む事故をふまえて)

☐ **不審な人物**はいないか

気がかりがあったときは

- 具合の悪そうな子どもがいたら、休憩する、園に連絡して迎えに来てもらうなどの対応を判断する。
- 危険要素があったときには、立ち止まって保育者間で相談し、道を変えるなどの判断をする。

散歩 ③

❸ 公園で
子どもから目を離さず、随時、人数を確認する

危険物がないか、はじめにさっと確認する

遊んでもよいエリアと、遊具の使い方やルールを子どもに伝え、目を配る

危険をともなう遊具のそばにつきつつ、ほかの園の子どもなどともトラブルにならないよう、見守る

公園に到着したら周囲にあいさつをし、遊びに来ている親子やほかの園の子どもと、うまく共存しながら遊べるようにします。子どもの動きから目を離さないようにし、随時、人数を確認しましょう。

Why

- 公園は公共の場であり、園の子ども以外の人も利用します。そのぶん想定外の危険やトラブルの可能性も増えます。常に緊張感をもち、子どもの動きから目を離さないことが求められます。

- 公園への置き去り、迷子など、子どもの姿を見失うことがあってはなりません。子どもの命にもかかわります。細心の注意を払いましょう。

Check point

- ☐ **全員**そろっているか（公園に着いたとき・遊んでいる最中・帰る前）
- ☐ **危険物**（タバコの吸い殻やガラスの破片など）はないか
- ☐ **不審者**はいないか
- ☐ 表情や動きなどで、**具合の悪そうな子ども**はいないか
- ☐ 持参した水を飲んでいるか
- ☐ **遊んでもよいエリア**を子どもに示したか
- ☐ 公園内での**保育者の配置**を確認したか。死角がないよう保育者が配置についているか
- ☐ 遊具の**対象年齢**を確認したか・**危険をともなう遊具**はないか
- ☐ **トイレの場所**は把握できているか
- ☐ トイレに行きたそうな子どもはいないか

気がかりがあったときは

- 危険物があれば、ゴミ袋に入れて持ち帰るか処分する。

- 子どもが体調を崩したりけがをした際は、園に連絡して対応を検討する。熱中症が疑われるときは、日陰で様子を見たり、水を飲ませたりし、園に戻ってからも休ませる。

- 子どもがいないことに気づいたら、すぐにほかの保育者に伝える。園にも連絡を入れ、対応を検討する。

- 不審者がいたときは、別の公園に移動するなど対応を検討する。また、行き先を変えるときは必ず園に連絡を入れる。

4 保育活動

❶ 製作（準備）

無理のないプランと集中できる環境を用意する

道具や素材の取り合いなどが起こらないよう、数は十分に準備する

道具の使い方やルール（約束）をていねいに伝える

これからすることを言葉や、図・写真などの視覚情報とともに伝え、見通しをもたせる

クラスで一斉に、または、ある程度まとまった人数で行う製作活動。子どもが安心して取りかかることができるよう、無理のない計画を立て、事前の説明もわかりやすくていねいに行います。

Why

- はさみなど危険なものを取り扱うことがあるため、子どもが自分のペースで取り組めるよう、無理のないプランを立てる必要があります。そのうえで、作り方、道具の使い方や約束をしっかり伝えることが大切です。

✓ Check point

- ☐ **椅子**や**テーブルの高さ**は、手を動かす活動に適しているか
- ☐ スペースに限りがあり、間隔が十分に取れない場合、保育者が近くに立つなどして危険がないように配慮しているか

（集中できる環境）
- ☐ 子どもがわかりやすい**説明の仕方**や**声かけ**、**導入の仕方**がイメージできているか
- ☐ これから何をするか、どのような**順序**で行うかを、子どもが理解できているか
- ☐ はさみなど**道具の使い方**や、人に向けないなどの**ルール**について、子どもに伝えたか
- ☐ 子どもに**無理のないプラン**を立てているか
- ☐ **けがをした場合の対応**について、保育者間で確認できているか

気がかりがあったときは

- はさみの使用に不安がある子どもには、力のいらないはさみなど簡単なもので、使い方を獲得しておく。
- はさみの使い方に慣れるまでは、保育者がいつでもサポートできるよう、近くで様子を見る。

4 保育活動

❷ 製作（活動中）

個々のペースで進められるように見守る

落ち着きがなく動き回る子どもには、保育者がそばにつく

やりたくない子どもは、興味がもてるまで待ち、無理強いしない

ふざけたり、歩き回ったりしないように見守る

周囲の子どもの動きにも注意しながら見守る

紙などでも手が切れることがあるので、注意深く見守る

製作活動では、様々な素材や道具を扱うため、
細心の注意が必要です。
それぞれが自分の製作に集中できるように、
適度に声かけをしながら意欲を支えていきましょう。

> **Why**

● 集団生活が苦手な子どもや、感覚に過敏さのある子どもにとって、製作活動が負担にならないような配慮が求められます。

Check point
- [ ] **道具**を正しく使えているか・**約束**を守れているか
- [ ] 製作に**集中**しているか・いやいや参加している姿はないか
- [ ] やりたくない子どもが別の活動をする場合の保育者の確保など、**フォロー体制**は整っているか
- [ ] 保育者の立ち位置が、連携が取れる態勢になっているか
- [ ] 子どもが、**やり方**や**手順**を理解できているか
- [ ] 子ども同士が、**安全な間隔**で座っているか

気がかりがあったときは

● 道具の使い方が危ない、使えていないなどに気づいたときは、いったん止めて、手本を見せ、改めて使い方を示す。

● 無理なプランだと気づいたときは、子どもの興味・関心に合わせて方向転換をしたり、仕切り直しをしてもよい。

● 手が止まって進まない子どもがいたら、ほかの子どもの力を借りるのもよい。「どんなふうに作ったの？」などと聞いて、完成させた子どもに見せてもらう。

● はさみなどの道具でけがをしたときは、けがの程度に応じて応急処置を行う。

● 落ち着いて製作に取り組めない子どもがいるときは、グループごとに場所を分けたり、時間帯をずらしたりなどの工夫をする。

● 途中で手順がわからなくなった子どもには、やり方のおさらいをしながら、自分でできるようにサポートする。

● けがやトラブルになったときは、別の保育者にクラス全体を見てもらい、対応する。

4 保育活動

❸ 運動・集団遊び

安全なスペースで、発達段階や身体能力に応じた活動をする

- これからすることを言葉で伝え、見通しをもたせる
- 身体能力に差がある場合は、保育者がさりげなくサポートする
- 保育者間で連携し、全体を見ながら、個に対する指導をしていく

体を動かす活動はテンションが上がりやすいので、
子どもの楽しい気持ちを受け止めながらも、
「これをするとけがする危険がある」ことを
しっかり伝えながら行いましょう。

> Why

- 子どもを取り巻く環境の変化により、子どもの体力は年々、下がってきているといわれています。無理なく安全に子どもの身体能力を育てていく必要があります。
- 身体能力を育む活動は、防災時にも役立ちます。

✓ Check point

- ☐ どんな**運動**をするかを子どもが理解しているか
- ☐ 子どもの**服装**や**靴**は、動きやすいものか
- ☐ **靴のサイズ**が合っているか
- ☐ スペースは、**活動に見合った広さ**があるか
- ☐ スペースに、**倒れやすいものや角がとがっているもの**など、危険なものはないか
- ☐ 子どもに**無理のない運動**か
- ☐ 極端についてこられていない子どもはいないか
- ☐ **ふざけている**子どもはいないか
- ☐ **表情**や**体調**に変化はないか
- ☐ 子どもが**無理**をしていないか・保育者が**無理**をさせていないか

気がかりがあったときは

- 気になる子どもがいるときは、保育者は起こり得ることを予測して、対応できる位置にいるようにする。
- 危ないと思ったら、その子どもにすぐに声をかける。
- 体調の変化やけがなどがあったときは、すぐに活動を止め、適切な対処をする。

4 保育活動

❹ 水遊び

保育者の数を確保し、事故や体調の変化に細心の注意を払う

- 決して目を離さず、常に人数を確認し、誰がどこにいるのかを把握する
- 水で滑って転倒しないよう、プールサイドを走らないように子どもに伝える
- 一人は水に入らず監視する
- 保育者も一緒に水の中に入るなど、そばで子どもを見る
- 水遊びを嫌がる子どもには、無理強いしない

水の感触を全身で味わい、
楽しみながら水に慣れていく水遊び。
直射日光を避け、適した水温と衛生的な状態を確保したうえで、
細心の注意を払います。

Why

- 水深が3センチメートルあるだけでも、子どもは溺れる可能性があります。また、水で滑って転倒し頭を打つこともあります。ふだんの保育に比べ、重大な事故につながる可能性があるので絶対に目を離してはいけません。
- ふだんの保育以上に、子どもの体調の変化に注意することが求められます。

✓ Check point

（水遊び前）

- ☐ 保育者の数は足りているか・**監視担当者**はいるか
- ☐ **水遊びのルール**を、子どもと確認したか ───→
- ☐ プール遊び**参加の可否（保護者サイン）**を確認したか
- ☐ **発熱**や**下痢**など、体調に問題ないか・**水いぼ**や**とびひ**がある子どもはいないか
- ☐ **おむつ**をしている子どもはいないか（プールに入れない）
- ☐ 水温は適切か・**虫**や**落ち葉**などが入っていないか
- ☐ **直射日光**が当たらないか

（水遊び中）

- ☐ **沈みそう**な子ども、**沈んでいる**子どもはいないか
- ☐ **手足の動きが不自然**な子どもはいないか
- ☐ 子どもの**顔色**、**唇の色**などに変化はないか
- ☐ 子どもの目線での**危険**はないか・全員が**安全**に遊んでいるか

> - プールに入る前にトイレに行く
> - プールサイドを走らない
> - ゆっくり水に入る
> - 水の中で、友だちを押したりふざけたりしない
> - 先生の話をよく聞く
> - 気分が悪くなったら水から上がる
> - トイレに行きたくなったら、プールから出て先生に声をかける
> - 水鉄砲を人に向けない　など

気がかりがあったときは

- 不自然な動きや沈みそうな子ども、沈んでいる子どもは、溺れている可能性がある。水から上げて健康状態を確認し、ケアをする。
- 唇が青くなっているなど、子どもの変化に気づいたときはすぐに水から上げ、適切な処置をする。
- 遊びがエスカレートしているときは、いったん止めて、クールダウンを促す。

5 生活

❶ 食事（授乳）

授乳は衛生と安心に配慮した環境で行う

子どもの目を見て、声をかけながら、ぬくもりと安心感を与える

子どもの好みに合ったミルクの温度や必要な量を確認する

保育者は子どもを抱き、足を床や台につくようにするなど安定した姿勢を保つ

哺乳瓶の角度（口に対して90度が目安）に気をつけながら、子どもの口に含ませる

授乳期の子どもは、よく遊び、よく眠り、
たっぷりミルクを飲むのがルーティン。
発達に応じた生活リズムのもと、心地よい環境で授乳を行います。
アイコンタクト、声かけも忘れずに。

Why

● 授乳は、乳児の発達と健康、安全を支えます。生活の場として、十分な栄養を提供し、安心して成長できる環境が求められます。

> ## ✓ **Check point**
>
> **（授乳前）**
>
> ☐ 哺乳瓶などの**消毒**はしてあるか
>
> ☐ 担当する保育者は**手洗い**などをすませたか
>
> ☐ 調乳時、**エプロン**や**三角巾**、**マスク**など必要なものを身につけているか。それらは清潔か（授乳時は、マスクを外すことを推奨している園もある）
>
> ☐ **ミルクの温度**は適切か（調乳には、70℃以上のお湯を用意する）
>
> ☐ 「〇〇ちゃん、ミルク〇〇cc飲みます」と**声に出して**確認し合ったか
>
> **（授乳中）**
>
> ☐ 保育者の**姿勢**はきちんと保たれているか
>
> ☐ **目**を合わせたり、**言葉**をかけたりして、安心できる楽しい雰囲気で授乳ができているか
>
> ☐ 授乳後にげっぷを促したか

気がかりがあったときは

● ミルクを飲まない、飲むのを嫌がるときは、「おしまいにしようか」と声をかけて終わりにする。乳首の感触、ミルクの味が違うなどの理由がある場合もある。入園前に、保護者にミルクのメーカーを伝え、園のものに慣らしてもらう工夫をしている園もある。また、スプーンで飲ませてみるなど、いろいろなアプローチを試してみる。

● 飲んだあと、すぐに嘔吐するなどの様子があったときは、背中をやさしくさすり、吐いたミルクが気道に入らないようにやさしく抱き上げ、衣服が濡れていたらすぐに着替えさせる。

❷ 食事（離乳食）

保育者、調理室職員、家庭とが連携して、子どもの食を支援する

- かたさや形状が子どもの発達段階に合っているか、うまく飲み込めているかどうか確認しながら介助する

- 飲み込んだことを確認してから、子どものペースでスプーンを口に運ぶ

- 子どもが足を床につけて、安定して座れるようにする

保育者は食の介助を通して、子どもが安心できる環境で食を楽しみ、食べる意欲を育めるよう支援していきます。
提供する食材や形状などは、家庭、調理室職員、保育者が情報を共有しながら進めましょう。

Why

- 咀嚼や嚥下機能の発達を支援するとともに、食べる意欲や食べ物への興味を育むことが求められています。
- 誤嚥など、重大な事故が発生しやすい場面なので、細心の注意を払うことが求められます。
- 子どもが安定した座位をとり、足裏が台や床にしっかりつくことで、食事に集中できます。

Check point

（食事前）

- ☐ 離乳食は子どもの**発達段階**に合った**素材**や**かたさ**、**形状**か
- ☐ **家庭に確認**をとった食材か
- ☐ 子どもは安定して座れているか（足が台や床にしっかりついているか）

（食事中）

- ☐ 口に入った食べ物を飲み込んだか、確認してから与えているか
- ☐ 子どもは引き続き安定して座れているか
- ☐ 食事を**口に運ぶペース**は適切か
- ☐ 子どもは**咀嚼**できているか
- ☐ **目**を合わせたり、**言葉**をかけたりして、安心できる楽しい雰囲気で介助ができているか
- ☐ 食後、ゆっくり抱き上げたか（急に抱き上げると、**誤嚥や嘔吐**につながることがある）

気がかりがあったときは

- 子どもがうまく飲み込めていない、嚥下がうまくいっていないときは、大きさや形状、かたさなどを見直す。
- 調理室職員に子どもの食事中の様子を見てもらい、形状や量など、食事の内容を工夫してもらう。

❸ 食事（1・2歳児）

食への意欲を大切に職員間で連携し、事故やけがを防ぐ

発達に応じて、フォークやスプーンの持ち方を伝える

必要に応じて、量を減らしたり、一口大に切ったりする

食が進まない子どもに、無理強いはしない

保育者で連携し、それぞれの子どもの口の動きが見える位置につく

食具を振り回して友だちに当たったりしないように気をつける

　食事の場面の安心・安全は多岐にわたりますが、とくに注意すべきことは誤嚥や食具によるけがなどです。子どもが自分のペースで落ち着いて食べられるよう、職員の配置、環境設定を工夫し、声かけを大切にしていきます。

Why

- 栄養が足りているかなどの判断は調理室の担当ですが、食事の場面を支えるのは現場の保育者です。子どもが一人で食事ができるように見守りながら、食事中の事故やけがにも注意する役割があります。

- ミニトマトやぶどうなどで窒息事故が起こった事例もあります。発達をふまえて食材の切り方や形状を工夫するなど、調理室と連携しながら、安全な提供の仕方を考えることが求められます。

- 遊び食べをしたり、ふざけたりしていることから誤嚥や思わぬけがにつながることもあります。子どもが落ち着いて食事ができるような環境、声かけが必要です。

✓ Check point

- ☐ それぞれの子どものペース、**表情や口の動き**が確認できる位置に職員が手分けしてついているか
- ☐ 子どもの**発達**段階に合った食事が提供されているか・量や食材の**大きさ**、**切り方**（プチトマトやぶどうはカットしてあるかなど）、**かたさ**などは適切か
- ☐ 子どもが食事を口に運ぶ**ペース**は適切か・**詰め込み**すぎていないか
- ☐ 食事を**丸飲み**していないか・のどに詰まらせていないか
- ☐ 食具を振り回すなど、**間違った扱い**をしている子どもはいないか
- ☐ 食べ終わって**飽きている**、**食べられずにいる**子どもはいないか
- ☐ **嘔吐**している子どもはいないか
- ☐ こぼした食べ物や水などで**床が汚れ**ていないか（**滑る**可能性がある）

気がかりがあったときは

- 嘔吐やそのほか食事が原因で体調を崩した子どもがいるときは、速やかに主任、園長に状況を伝え、栄養士とも連携して対応をはかる。

- 丸飲みや飲み込めない様子があったり、食材の大きさやかたさに不安を感じたときは、調理室に伝え、小さく切る、ゆで時間を長くしてもらうなど、改善していく。

第1章 1日の安心・安全

❹ 食事（アレルギー）

食物アレルギーは生命にかかわる疾患。誤食は徹底的に防ぐ

- アレルギーをもつ子どもとほかの子どものエリアを分ける。台ふきの共有もNG
- その子どもに配慮されたものが提供されているか、調理室とも連携し、複数の職員で確認する
- アレルギーをもつ子どもがほかの子どもの食事に手を伸ばさないように見ておく
- アレルギー症状が出ていないか、様子をよく見る

食物アレルギーをもつ子どもがいるときは、職員間での情報共有を徹底し、食事の内容、提供の仕方に注意します。
同じ空間で食事をするだけで症状が出てしまうこともあるので、家庭とも情報共有をしながら、慎重に対応します。

Why

- アレルギーの程度によっては、死亡事故につながる可能性もあります。勉強会などを開き、食物アレルギーについて正しい理解を得ることも必要です。
- 集団で食事をすることでの危険性もふまえて、徹底した対応が求められます。家庭と栄養士、調理室職員、保育者で密にコミュニケーションをとり、慎重に対応する必要があります。

Check point

- ☐ アレルギー児に提供する食事は、その食事で合っているか（**声出し確認**）
- ☐ アレルギー児が座る**エリア**、**テーブルや椅子の位置**は、その場所で適切か
- ☐ アレルギー児がほかの子どもの食事に**手を伸ばす可能性**はないか・そばに職員がついているか
- ☐ 食器や手ふきそのほか食事以外のものに食材がついたり、こぼれたりしてアレルギー児がそれに**触れる可能性**がないか
- ☐ 食事後、食べこぼしなどを掃除したか
- ☐ 食べている子どもの様子はどうか・**アレルギー症状**などが出ていないか

気がかりがあったときは

- アレルギー症状が見られるときは、すぐに担任間で情報共有し、主任や園長に報告をし、医務室で様子を見る。そのうえで、提供前後など、経緯の確認を行う。
- 提供する食事が違っていることに気づいたときは、ただちに提供を止め、様子を見る。

➡ 食物アレルギーへの対応に関する情報：112ページ参照

加工食品におけるアレルギー表示義務・推奨のある食品

表示義務：えび、かに、くるみ、小麦、そば、卵、乳、落花生（ピーナッツ）

表示推奨：アーモンド、あわび、いか、いくら、オレンジ、カシューナッツ、キウイフルーツ、牛肉、ごま、さけ、さば、大豆、鶏肉、バナナ、豚肉、マカダミアナッツ、もも、やまいも、りんご、ゼラチン

5 生活

❺ 手洗い

手洗いの方法を伝え、きちんと手が洗えるよう見守る

子ども同士が順番などでもめないよう、並ぶ位置がわかる足形を床に貼るなど、環境を工夫する

適切な量のハンドソープと水を使い、手順に沿ってきちんと洗えているか見守る

水が床にこぼれたら、その都度拭く

子どもの年齢に応じて、適切な手洗いの方法を指導し、
きちんと手が洗えているか確認しながら、
水まわりならではの安心・安全を確保します。

Why

- 子どもの衛生管理は集団生活における重要事項です。洗面台まわりでは、水で遊び出してしまう、床に水がこぼれて滑りやすくなるなど、水を扱うことでの危険やトラブルに気をつけます。
- 順番待ちなどによる、「押した」「押された」などのトラブルが発生しないよう、並ぶ位置がわかるような環境設定の工夫も必要です。

Check point

- ☐ **手順**に沿って、きちんと手を洗えているか
- ☐ **手指の間、爪**まできれいに洗えているか
- ☐ **洗面台の高さ**は子どもに合っているか
- ☐ 洗い終わったあとに、手を**拭い**ているか
- ☐ 必要以上に**水**や**ハンドソープ**を出していないか
- ☐ 手を洗い終わったら、水を**止め**ているか・水で**遊ん**でいないか
- ☐ 子どもの服が水で濡れていないか・**着替え**は必要ないか
- ☐ **床に水**がこぼれていないか

気がかりがあったときは

- きちんと洗えていないときは、保育者が介助しながら洗い、手指の清潔を保てるようにし、改めて正しい手の洗い方を伝える機会をもつ。
- 洗面台が高すぎるときは、踏み台を用意する。
- 水遊びになりがちなときは、別に水で遊ぶ機会を設ける。

言葉だけではなく、やってみせることも必要

　きちんと手が洗えない子どもに、「ちゃんと洗おう」などと言っても伝わりにくいものです。「こうやって洗おうね」と伝えながらやってみせましょう。手を取って一緒に洗ってもよいですね。くり返す中で、きちんと洗えるようになります。

5 生活

❻ おむつ替え

汚れたらすぐに替えて、心地よさを感じられるようにする

- おむつを替えることを伝えながらおむつ台に連れていく。おむつ替えの間も、やさしく声をかける
- おむつ台の上を、消毒液などで拭いて、清潔を保つ
- おなかをさすったり、足をやさしく曲げ伸ばしたりして、触れ合いを楽しむ
- 汚れを拭いたあと、おしりが完全に乾いてから新しいおむつをあてる

汚れたおむつを長時間あてたままにしておくと、
すぐに赤くなったり、かぶれたりします。
一人ひとりの排泄の間隔など状態を把握し、定期的に排泄を確認し、
なるべく早くおむつを替えるようにしましょう。

> **Why**

- 「おむつを替えると気持ちいい」という感覚を育てることは、清潔習慣の基礎となります。
- おむつ替えは、子どもと保育者の信頼関係を構築できるタイミングでもあります。やさしく声をかけながら行い、きれいになった心地よさが感じられるようにしましょう。

✓ Check point

- ☐ おむつが汚れていないか
- ☐ おむつ台は**清潔**が保たれているか
- ☐ **声**をかけながら、**ていねい**に行えているか
- ☐ おしりの**汚れ**はきれいになったか
- ☐ おしりが**乾いて**からおむつをあてたか（湿ったままだと、ムレの原因になる）
- ☐ おむつ替え後、**時間**や**便**などの状態を**記録**したか
- ☐ 尿の量や排尿の**回数**が極端に少ない、便の**状態**がいつもと違うなど、変化はないか
- ☐ おなかまわり、お尻、背中など、隠れているところに**あざや発疹**はないか

▼ 気がかりがあったときは

- 便の状態がいつもと違う、あざや発疹があることに気づいたときは、担任間で様子を共有し、主任や園長に報告する。保護者に状況を尋ねることが必要になることもある。
- 登園時におむつの中に尿や便が大量にあるときは、おむつ替えのタイミングを家庭と相談する。

第1章 1日の安心・安全

5 生活

❼ トイレ

排泄に慣れるまでは一対一で見守り、自立を支援する

誰がいつトイレに行ったか、チェックし、すぐに出てこないときは、様子を見る

トイレットペーパーの使い方も伝える

こまめに掃除して、常に清潔で明るい状態にしておく

尿や便の状態やにおいなどに注意を払う

トイレの習慣は、生活の自立だけでなく、健康にもかかわります。
失敗するなどで、トイレに行くことが
嫌いにならないよう、ていねいに支援をしていきましょう。
死角になりやすい場所だからこその配慮も必要です。

Why

- 排泄は、人間の基本的な行動です。園生活においても、できるだけ行きたいときに行ける環境を用意することが大切です。
- 排泄物の形状などから病気がわかることもあるので、保育者はふだんとの違いに敏感である必要があります。
- 死角になりやすい場所だからこその危険にも気をつける必要があります。

Check point

- ☐ 尿や便の状態に**異常**はないか
- ☐ 下着に**排泄物**がついていないか
- ☐ きちんと**拭けている**か
- ☐ トイレットペーパーの**使い方**は適切か
- ☐ トイレをすませたあとに、**手を洗っている**か
- ☐ 個室に入ったまま長時間**出てこない**子どもはいないか
- ☐ トイレが**つまったり**、便器や床が**汚れて**いないか

気がかりがあったときは

- 排泄物などから子どもの健康状態に気がかりがあるときは、園の看護師などに相談するとともに、保護者に伝え情報共有する。
- 常に清潔を心がけ、故障などに気づいたら、速やかに対応する。
- トイレからなかなか戻ってこないときは、転倒などのアクシデントが起きている可能性もある。こまめに様子を見に行くようにする。

第1章 1日の安心・安全

❽ 歯みがき

歯みがきの大切さを伝え、園での歯みがきは必ず見守る

ふざけたり、子ども同士でもめたりしていないか気を配る

きちんとみがけているか口の中をチェックし、みがき残しがあれば仕上げみがきをする

歯みがきができているか見て、必要に応じて介助する

歯を清潔に保つための習慣として、まずは歯ブラシを口に入れる、動かしてみるなどと、段階を踏みながら身につけられるようにします。
歯ブラシでのどを突くなどの危険をともなうため、座って行いましょう。

Why

- 口腔内の清潔を保つために歯みがきが大切であり、正しい歯みがきの仕方を伝えていくことは大切です。
- 歯ブラシを口に入れたまま移動すると、転んだりぶつかったりして、思わぬけがや事故につながることがあります。

Check point

- ☐ 歯ブラシを**口に入れたまま**、歩いたり遊んだりしていないか
- ☐ 子ども同士で**小競り合い**などしていないか
- ☐ **眠たそうにしながら**みがいている子どもはいないか（トラブルになることが多い）
- ☐ きちんと歯みがきができているか
- ☐ みがき**残し**はないか
- ☐ 歯ブラシは子どもに**合って**いるか
- ☐ 歯ブラシが**古く**なったり汚れたりしていないか
- ☐ 歯ブラシの**保管状況**は適切か

気がかりがあったときは

- 歯ブラシをくわえたままふざけあったり、移動したりすると、歯ブラシでのどを突くなどの事故につながることがある。歯みがきを終えてから、次の行動に移るように伝える。
- 子どもがじょうずにみがけていないときは、歯みがきの指導の機会をつくる。
- 子どもが歯みがきを嫌がるときは、不安感や抵抗感が減るよう、ポジティブなかかわりやスキンシップで楽しい雰囲気をつくる。
- 虫歯などを発見したら、保護者に伝え、歯医者に行くようすすめる。
- 歯ブラシの交換時期や保管方法など保育者同士で話し合い、必要ならば保護者に交換を依頼する。

第1章 1日の安心・安全

5 生活

❾ 午睡

必ず子どもの顔が見えるようにし、呼吸チェックを怠らない

年齢ごとに決められた頻度で呼吸をチェックし、記録する

0歳：5分おき
1〜2歳：10分おき
3歳〜：20分おき

部屋は暗くしすぎず、子どもの顔や姿が見えるようにする

静かで落ち着いた環境を整えるとともに、寒すぎない、暑すぎない室温に調整する

うつぶせになった子どもはその都度、仰向けにする

最も恐ろしいのは、うつぶせ寝や寝具が顔にかかるなどして起こる窒息事故です。「事故が起こることは稀」「うつぶせだとよく寝るから仕方がない」などと考えず、危険の種を減らしましょう。
定期的に呼吸の確認をすることが大切です。

Why

● 午睡時の死亡事故はあとを絶ちません。窒息事故の危険性を保育者間でしっかり認識し、子どもの命を守る役割を果たしましょう。少しの間でも目を離してしまうことは危険です。

→ 乳幼児突然死症候群：113ページ参照

✓ Check point

- ☐ **室温・湿度**は適切か
- ☐ 寝ている子どもの**顔**が見える**明るさ**か
- ☐ 午睡前の**トイレ**はすませたか
- ☐ よだれかけなど、首まわりに**何かつけたまま**になっていないか
- ☐ **口の中**に何か入っていないか
- ☐ 子どもの**顔**が見える位置に保育者がついているか
- ☐ 決められた頻度で**呼吸**をチェックし、**記録**をつけているか
- ☐ **呼吸**の状態に変化はないか
- ☐ 布団が**顔**にかぶっていないか
- ☐ 子ども同士で**ぶつかったり重なったり**していないか
- ☐ 途中で**目覚めた**子どもはいるか
- ☐ 寝ている子どもの**具合**はどうか・**体調**が急変していないか
- ☐ 起きたときの**機嫌**や体調はどうか（乳児は**検温**する）

気がかりがあったときは

● 呼吸がいつもと違うなど、気になるときは、いったん起こし、声かけをして様子を見る。ひきつけやけいれんが起きた、呼吸が止まっていることに気づいたときは、リーダーまたは園長に連絡をし、救急車を呼び、心肺蘇生を行う。

● 布団から子どもの顔が見えるよう、かけ布団などを移動させる。

● 午睡前後、いつもより元気がないときは、見えないところでどこか異変がある可能性もある。検温し、医務室で安静にして、様子を見るようにする。

5 生活

⑩ 着替え

楽しくなる声かけと脱ぎ着しやすい衣服で、できることを増やしていく

サイズが合っているか、ひもなどで首がしまる危険がないか、穴やほつれなどがないか確認する

自分で着替えられているか、どの段階でつまずいているかを見て、必要に応じて介助する

子どものプライバシーに配慮し、窓の外から見えないような位置で着替えさせる

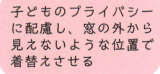

「バンザ〜イ」などと、着脱が楽しくなる声かけをしながら、子どもが自分でできることを増やしていきます。自分で脱ぎ着がしやすく、動きやすい服や靴を選ぶよう保護者に伝えることも大切です。

> **Why**

- 身体的な機能の発達にともない、着脱においてもできることが増えてきます。保育者は子どもが自分で着替えようとする意欲を支えます。
- 着脱は、排泄や外遊び後など活動の節目に行います。活動の切り替わりが円滑に進むよう、保育者は声かけをしながら着脱を介助します。子どもが達成感を得られることが、自立の支援につながります。

✓ Check point

- ☐ 服の**サイズ**は合っているか（大きすぎると脱げてしまう。すそが長いと踏んで転んだり汚れやすい）
- ☐ **動き**やすく、**着替えやすい**服か
- ☐ **穴**や**ほつれ**などはないか（穴やほつれにひっかかり転倒する危険がある）
- ☐ 華美な**飾り**や**ひも**などはついていないか（遊具にひっかかるなどの危険がある）
- ☐ 着替える場所は**園の外**から見えないか
- ☐ 着替える場所は子ども同士の**プライバシー**に配慮しているか
- ☐ 着替える場所や着替えの仕方について保育者同士で話し合ったか

▼ 気がかりがあったときは

- ズボンがうまくはけない様子のときは椅子を用意するなど、手を貸さずに自分でできるような環境を工夫する。
- 服の選び方について、子どもの安全や動きやすさの視点で保護者に伝え、改善を促す。その際、なぜその服だとだめなのか、どんなリスクがあるのか、こういう体験のためにこういう服が必要など、避けたい理由を言葉にして伝える。
- 子どもの権利の視点から、着替える場所や着替えの仕方などを保育者同士で検討する。

第1章　1日の安心・安全

6 降園時

❶ 引き渡し

保育者間で連携し、子どもの保育と保護者対応を行う

子どもが勝手に外に出ていかないように、出入りには目を光らせる

保護者にその日の子どもの行動を伝えつつ、子どもの様子を見逃さないようにする

保育室に残っている子どものケアを忘れない

異年齢の子どもが同じ部屋で待機している場合は、遊び方の違いや体格差などから起こる危険に気をつける

降園時は、子どもも疲れがたまっており、けがや事故が起こりやすい時間帯です。遅番の保育者だけで対応するなど、人手が少ない中で、保育者間で役割分担を行い、声をかけ合いながら子どもの保育と保護者対応を行います。

Why

- 迎えの親子で出入りが多く、保護者の対応に気をとられ、子どもが勝手に外に出ても気づかない恐れがあります。

- 降園時は、子どもを保護者に引き渡したら終わりではなく、帰宅時や帰宅後の親子の会話が弾むようなサポートをすることも大切です。園での子どもの様子を伝えるなどの会話を通して、保護者に安心してもらい、信頼関係を深める時間帯にもなります。

Check point

☐ 入り口に保育者がいて、**出入りをチェック**しているか

☐ それぞれの子どもの迎えの時間、**誰が迎えに来るか**を把握し、保育者同士で共有しているか

☐ その日、**迎えに来るべき人**に無事、**引き渡し**ができたか

☐ 保護者にその日の**子どもの様子**を伝えたか

☐ **けが**や**トラブル**など、伝えるべきことをきちんと伝えたか

☐ 迎えの時間が遅い子どもの**心のケア**ができているか

☐ **何時**ごろに**誰**が迎えに来たか、尋ねられたら答えられるか

☐ 保護者に、**自分から声**をかけられたか

気がかりがあったときは

- 迎えに来る人がいつもと違うとき、あるいは想定していた人と違う人が迎えに来たときなど、少しでも違和感を感じたら、まず保育者同士で何か変更を聞いているか確認する。その後、保護者に電話を入れるなどして確認する。

- 担任が直接伝えるべきことを、迎えの時間に伝えられなかったときは、連絡帳や電話などで必ず伝える。

❷ 降園時の確認

保育の最終確認と、翌日に向けての準備を行う

保育室の環境を元通りにし、翌日に引き継ぐべきことをメモやホワイトボードなどに残し、申し送りする

園内を見回り、片づいているか、忘れ物はないかチェックする

備品の損傷、紛失、足りなくて買い足すべきものなどをチェックしておく

園全体を見回り、誰もいないことを確認する。忘れ物や落とし物もチェックする

子どもが全員帰ったら、園内を見回ります。
照明やエアコンの消し忘れ、ドアの施錠なども安全確保のうえで重要です。
誰かがやってくれるだろうではなく、
全員が当事者意識をもって行いましょう。

> **Why**

- 片づけができていない、元の状態に戻っていないなどの状態では、翌朝、早番の保育者が朝の限られた時間の中で、スムーズに一日の保育が始められません。朝の保育者に前日の仕事を残さないこと、心配な要素は、その日のうちに解消しておくことが大切です。

✓ Check point

- ☐ 忘れ物はないか
- ☐ 保育室や園庭は**片づけ**られているか
- ☐ テーブルの配置など、**元の状態**、あるいは**明日の保育**にふさわしい状態になっているか
- ☐ 照明やエアコンなどの**電源はオフ**になっているか
- ☐ 明日に**引き継ぐべきこと**はメモなどにして残しているか
- ☐ トイレなど死角になっている場所に子どもが残っていないか
- ☐ 電源コードなどが、**出しっぱなし**になっていないか

> **気がかりがあったときは**

- 忘れ物などは誰のものかわかれば、その日のうちに連絡をする、次の日に渡すなど、その重要度に応じて対応する。
- どう対応してよいかわからないときには、リーダーや園長、施設長に報告し、対応策を仰ぐ。
- おもちゃや道具など、落ちている物、出しっぱなしになっている物は、元の場所に戻し、翌朝、出勤した人が気持ちよく一日を始められるように心配りをする。

Message

失敗は存在しない、あるのは「チャレンジと学び」

失敗するのが怖い。自分は、保育者に向いていないのかもしれない。
──そんな思いが頭をよぎること、ありませんか。
私自身も失敗するたびに落ち込み、もがいていました。

何度あきらめようと思ったか、わかりません。
しかし、あきらめたら、その無力感は
別の場所でも自分につきまとうのではないでしょうか。

失敗は存在しません。チャレンジは、すべて成功です。
失敗と思えるできごとがあっても、
「学んで成長できた」と考えてみてはいかがでしょうか。

あなたはこれまで、どんなチャレンジをしてきましたか？
そこからどんな学びを得て、次のチャレンジを重ねてきましたか？

チャレンジした自分を、誇りに思ってくださいね！

第2章
1年の安心・安全

行事や季節の変化など、日常とは異なる中で
起こりやすい子どもの体調変化や事故について、
基本的な知識と対応の仕方をまとめます。

1 新入・進級

❶ 新入・進級児の安全

子どもの不安を受け止め、新しい環境に慣れる手助けを

とくに新入園児からは目を離さず、泣いている子どもには1対1でかかわる

あらかじめ子どもや保護者の顔と名前を覚えて、必ず名前で呼ぶ

家庭で使っているものや遊んでいるもので、「安心材料」として用意できるものがあれば持ってきてもらう

進級児は、前年度からの引き継ぎと照らし合わせながらかかわる

新しいクラス、新しい人間関係の中での生活が始まります。進級してきた子どもと、初めて集団生活を経験する子どもが混ざり合うことから、それぞれに配慮した対応が必要です。

Why

- 大人も子どももストレスを感じやすい時期です。心身の不調に気をつけて見ていく必要があります。
- 子どもにとって園が安心できる場になるよう、保育者同士で連携しながら、温かな言葉かけや対応を工夫します。

Check point

- ☐ 子どもと保護者の**顔、名前**は覚えたか
- ☐ 子ども一人ひとりの重要な**引き継ぎ事項**（**アレルギーの有無**や**既往歴**、家庭環境での**特記事項**など）は頭に入っているか
- ☐ クラスみんなで楽しめる**活動のプラン**は用意してあるか
- ☐ クラスの**目標**や**ねらい**などを保育者同士で話し合い、共有しているか
- ☐ 新しい環境での生活で、**疲れている**子どもや**心身の不調が見られる**子どもはいないか
- ☐ **不安**な様子の保護者はいないか

気がかりがあったときは

- 子どもに疲れや心身の不調が見られたときは、保護者と相談しながら対応を工夫する。
- 必要に応じて前年度の担任の意見を聞くなど協力を得る。
- 思うように活動が進まなかったときは、指導計画のねらいに沿って担任間で相談しながら活動の内容を変更する。
- 不安そうな保護者には、さりげなく声をかけて雑談し、不安の解消につなげていく。

入園式の配慮

　入園で初めて親と離れる子どももいます。不安や緊張をしっかり受け止め、温かな言葉かけやスキンシップなどで子どもが安心できるようにします。同時に、わが子を心配する保護者の気持ちに寄り添う配慮も必要です。

1 新入・進級

❷ 4月の環境設定

安心・安全を第一に、わかりやすく、動きやすい環境を

子どもがどこで誰と何をしているかが見通せるように、家具を配置する

物の置き場所をわかりやすくする

生活の流れや手順がわかるようにする

とくに環境が変わる4月の環境設定は、
子どもの動きや様子を把握できるよう、全体を見通せるようにします。
安心・安全の視点から、
子どもにとってのわかりやすさも大切です。

Why

- 目の前の子どもの理解を深め、そのクラスに合った環境設定をしていくことが安心・安全につながります。
- まだ子どもの動きが未知数なので、思いがけないトラブルが起こる可能性もあります。常に緊張感をもち、いざというときは保育者がすぐに止めたり手助けしたりできる位置にいることが大切です。

✓ Check point

- ☐ 家具の配置などで**死角**は生まれていないか
- ☐ 物の**置き場所**など誰にとっても**わかりやすい**か
- ☐ **高いところ**に物を置いていないか（落下の危険。地震対策としても）
- ☐ 子どもに目や手が届くように**保育者のフォーメーション**が組めているか
- ☐ 片づけ場所や掃除の仕方など、保育者間でわかりやすくなっているか
- ☐ 保育者同士で情報を共有し合うための「**報・連・相（ほうれんそう）**」ができているか

気がかりがあったときは

- どこにいても子どもの姿が見渡せるよう、家具や物の配置を変える。
- わかりづらい場所に物を置く場合は、保育者間で周知をし、シールなどを貼ることで見つけやすくする。
- 保育者の目がすべての子どもの姿をカバーできていないと気づいたら、自らさりげなく移動しながら保育をしたり、ほかの保育者に伝えて立ち位置を調整する。

「見える化」でわかりやすく

生活の流れや手順、物の置き場所などは、絵や写真を使って「見える化」すると、子どもにとってもわかりやすくなります。

第2章　1年の安心・安全

1 新入・進級

❸ 4月の友だち関係

子どもの動きを把握し、友だち関係の構築を見守る

- 子ども同士のやりとりに耳を傾ける
- 子どもたち全体を見守る意識をもちつつ、一人ひとりを見る
- 一人でいる子ども、一緒に遊んでいる子どもを把握する
- 子どもの行動をよく見て、次の動きを予測する
- 小競り合いをしがちな子どもを把握する

新しく出会った友だちと、少しずつ関係を築いていく時期です。まだ互いをよく知らないことからトラブルも生じやすく、注意して見守っていく必要があります。不安そうな視線を感じたら、目線を向け、うなずきながら笑顔で応えましょう。

> Why

- 友だち関係が築けていない4月は、些細なことや思いがけないことからトラブルに発展しがちな時期です。
- 子ども同士のいざこざは、ある程度は成長の過程で必要なものですが、行きすぎるとけがや心の傷などになり、注意して見守ることが大切です。

Check point
- [ ] 子ども一人ひとりの**性格**や**行動傾向**を把握しようとしているか
- [ ] 子どもが**どこ**で**誰**と**何**をしているか
- [ ] 子ども同士、**トラブル**に発展しそうなやりとりはないか
- [ ] 誰と誰が**仲よ**く、誰と誰が**トラブル**を起こしがちか
- [ ] 一人でいる子どもはいないか

▼ 気がかりがあったときは

- 子どもの次の行動を予測し、友だちに手を出すなどの兆候が見られたら、すぐに止めに入る。
- 一人遊びが充実していない子どもは、保育者が遊びに誘ってみる。
- 一人でいる子どもで、仲間に入りたいけれど入れないというそぶりがあれば、様子を見ながら仲立ちする。

2 遠足・園外保育

❶ 場所の下見

あらゆるトラブルを想定して下見を行う

- 危険な場所などがないか、確認する
- トイレの位置、休憩場所などをチェックする
- その場所でできる経験をイメージし、持ち物などを考える
- 雨が降ったらどうするかを考える

遠足や園外保育で、ふだんと違う場所に行くときは、たとえ例年行っている場所であっても必ず直前に下見をします。インターネットやガイドブックなどで情報を収集しておくことも大切です。

Why

- ふだんと違う場所では、子どもも大人も興奮して、注意力が散漫になりがちです。けがや事故など、いつも以上に気をつける必要があり、そのための備えとして下見が重要となります。

- 様々なアクシデントを想定しながら下見をすることで、当日、焦らず落ち着いて行動ができます。

Check point

- ☐ **トイレの場所**はどこか・疲れたときに**休む場所**はあるか
- ☐ 当日の**経路**に問題はないか
- ☐ **死角**になる場所、**倒れる可能性**のある石碑やブロック塀などがないか
- ☐ （屋外の場合）雨が降ったとき、**移動できる場所**はあるか
- ☐ 経験できる**遊び**、それに応じた**持ち物**は何か
- ☐ 保護者用の**駐車場**を現地に確保できるか
- ☐ **電波**はつながるか、緊急時の**連絡手段**はあるか

気がかりがあったときは

- 事故や工事による通行止めなども想定し、いくつかの経路を検討しておく。
- 電波の届きにくい場所もあるので、電波の入る場所を確認しておく。
- 駐車場の確保がむずかしい場合は、公共交通機関の利用をすすめる。
- 万が一に備え、近隣の病院を調べておく。

トラブルに備えておく

　電車の運休や遅延そのほかの事情で、行程通りに進まない可能性もあります。行き方や行き先の変更を検討できるよう、あらかじめ選択肢を準備しておくことが大切です。また、待ち時間ができてしまった場合に備え、出先でできる手遊びや素話（すばなし）を用意しておきましょう。

2 遠足・園外保育

❷ 集合・出発

子どもの人数、持ち物、約束事を再確認する

- 園の子どもとわかる目印をつけ、名札は、名前が特定されないよう、見えないようにする
- 子どもにその日の行程を伝え、約束事を確認する
- 子ども、保育者の持ち物がそろっているか確認する
- 遅刻・欠席の連絡は保育者全員で共有し、出かける子どもの人数を把握する
- 子どもの体調を確認する

出発前に人数の把握をしっかり行うとともに、出かけた先で安心・安全に過ごせるよう、持ち物や行程、約束事を確認しましょう。

Why

- 園を出てから帰るまでが遠足・園外保育です。すべての子どもが安心・安全かつ楽しく過ごせるようにします。また、出かけた先で充実した経験ができるよう、保育者も子どもも見通しをもって出かけます。

- 子どもの個人名が特定されないよう、プライバシーに配慮し、名札や声かけに気をつける必要があります。

Check point
- [ ] 出かける子どもの**人数**は把握できたか
- [ ] 子どもの**体調**はどうか
- [ ] 子どもの**持ち物**はそろっているか
- [ ] 保育者の**持ち物**はそろっているか　　園外に出るときに必要な物リスト：74〜75ページ参照
- [ ] 子どもに出かける**場所**や**スケジュール**について説明したか
- [ ] 子どもと**約束事**を確認したか

気がかりがあったときは

- 遅刻・欠席の連絡がなく、子どもが集合時間に来ないときは、保護者に連絡をとるなどして状況を把握する。出発時間に間に合わない場合は、あらかじめ決めておいたルールに則って対応する。

- 風邪気味など子どもの体調に不安があるときは、保護者と相談したうえで予定通り出かけるかどうか判断してもらい、出かける場合は、体調の変化に注意する。

遅刻して出発時間に間に合わない場合のルールを決めておく

事情によってやむなく遅刻するときは、できるだけ速やかに連絡を入れてもらうこと、到着時間の見通しを伝えてもらうことを徹底します。そのうえで、出発時間に間に合わないときは、現地まで保護者が送るなどのルールを決め、遠足・園外保育について保護者に知らせます。

第2章　1年の安心・安全

2 遠足・園外保育

❸ 公共の乗り物

まとまって行動し、周囲への配慮も忘れない

[乗る前]

- 周囲の人の迷惑にならない場所に集まり、人数確認
- トイレに行きたい子どもは、保育者がついて行く

[電車、バスの中で]

- 保育者も子どもも声の大きさに気をつける
- 周囲の人に気遣いを示す
- 子どもが散らばらないようにする
- 下車後は乗り口から離れて、通行人のじゃまにならない、安全な場所に移動する

いちばん怖いのは、事件・事故にまきこまれることです。
子どもを見失わないよう落ち着いて引率し、
周囲の人や車などの往来に気をつけます。

Why

- 遠足や園外保育への期待と、ふだんと違う状況に子どもは興奮し、落ち着きをなくしている可能性があります。はしゃぎすぎることによる事故やけがに気をつけるほか、周囲の人に迷惑をかけない配慮も必要です。
- 集団で子どもが移動するのは、思った以上に時間がかかります。ゆとりをもって行動します。

Check point

- ☐ **行程**を確認し、頭に入れたか
- ☐ **行程表**はすぐに取り出せるか（確認のため）
- ☐ 必要なデータを一部**印刷して手元**においているか（携帯電話の充電切れや探す時間がないときに備え）
- ☐ 移動中の子どもの**行動**を予想して、保育者の**立ち位置**を決めてあるか
- ☐ 乗り物の中での**マナー**や**ふるまい**などについて、子どもたちに説明し約束をしたか
- ☐ 移動中、乗り物内の保育者の**立ち位置**は守れているか
- ☐ 移動の合間に子どもと行う**手遊び**や**素話**などは用意できているか
- ☐ **周囲の人**への配慮はできているか
- ☐ 移動中の**トイレ**の場所は確認できているか
- ☐ トイレに**連れて行く人**、その場合の**対応**などは考えてあるか
- ☐ 移動中も周囲に積極的に**あいさつ**をし、**温かく見守ってもらえる雰囲気**を心がけているか

気がかりがあったときは

- 周囲の人に迷惑をかけていると感じたときは謝罪し、子どもには「静かに」と注意する。

第2章　1年の安心・安全

2 遠足・園外保育

〈参考〉
園外に出るときに必要な物リスト

● 基本アイテム

名札	いざというときに備えて、外から見えないようにつける。または、名前と保育園の連絡先を記載した連絡先カードを内ポケットに入れるなど
緊急連絡先リスト	園や近隣の病院など、連絡先を記載したリストを持参する
携帯電話	緊急時の連絡用に携帯電話を持参し、充電が十分にされていることを確認する
お金	万が一のために現金を持参する

● 健康・安全関連

応急処置キット	絆創膏、清潔な水、包帯など
常備薬	必要な子どもに対して処方された薬を持参し、服用のタイミングを管理する
水筒	水分補給を定期的に行う
日焼け止め	日差しが強い場合に備えて、日焼け止めを持参する
虫除けスプレー	虫が多い場所に行く場合に使用する

● 衣類・持ち物

帽子	日差しを避けるために帽子を持参する
予備の衣類	汚れたり濡れたりした場合に備えて、予備の衣類を用意する
レインコートやポンチョ	天候が不安定な場合に備えて、雨具を持参する
タオル	汗を拭いたり、手を拭いたりするためのタオルを持参する

各園で行き先や状況に応じてアレンジしてください。

● 食事関連

軽食やおやつ	短時間の外出でも、子どもたちが空腹にならないように軽食やおやつを用意する
ウェットティッシュ	手や口を拭くためのウェットティッシュを持参する
ゴミ袋	出たゴミを持ち帰るための袋を用意する

● 活動関連

遊び道具	ボール、フリスビーなど、屋外での遊びに使える道具を持参する
観察道具	自然観察用の虫眼鏡や図鑑などを持参する

● 安全対策

反射材つきベスト	交通量が多い場所を歩く際に、反射材つきのベストを着用する
ロープ	子どもたちが迷子にならないように、必要に応じてロープを使い、はぐれないようにする

● その他

活動計画表	スケジュールや目的地の情報を記載した計画表を持参する
地図	目的地やその周辺の地図を持参し、緊急時に対応できるようにする
保護者への連絡手段	緊急時に保護者に連絡をとれるようにする

3 園行事

❶ 運動会（準備・練習）

子どもを主役に、発達をふまえて計画する

[事前の準備]

- 子どもの発達段階に合った競技を考える
- 子どもに無理のない範囲で練習をする
- 当日の流れと、保育者の立ち位置を確認する
- 保護者など観客の場所、入り口からの流れなどを確認する

運動会の目的は、園によって様々です。
子どもの育ちとのかかわりとともに、
安心・安全の視点からも、改めて運動会のあり方を見直します。

> **Why**

- 子どもの発達に合わない競技へのチャレンジは、大きなけがや事故につながる可能性があります。そもそも「運動会の目的は何か」を見直すところから始め、その目的にかなった競技を考えることが大切です。
- 子どもの安心・安全の視点から、当日の流れや保育者の役割分担および立ち位置を考え、シミュレーションしておくことが、子どもの安心・安全につながります。
- 誰のための運動会なのかを、改めて考えてみることが大切です。

✓ Check point

- ☐ **競技の内容**は子どもの発達に合っているか
- ☐ 練習、準備の過程で子どもに**無理なチャレンジ**をさせていないか（保育者の自己満足になっていないか）
- ☐ **子ども主体**の行事になっているか
- ☐ 物の**配置**は、子どもの**動線**を考えて安全に配慮されているか
- ☐ 当日の**プログラム**は、**保育者全員で共有**できているか
- ☐ プログラムに沿って、**役割分担**はできているか
- ☐ **事故**や**けが**の場合の対応の準備ができているか
- ☐ **立て看板**や**テント**、**ゲート**などの部品が外れたり、破損している個所はないか

気がかりがあったときは

- 子どもに無理をさせていると感じるときは、子どもとも相談し、楽しんでチャレンジできる内容に変える。

3 園行事

❷ 運動会（当日）

子どもを見守りつつ、保護者と一緒につくる意識をもつ

来場者には保護者証などをつけてもらい、来場者の動きに注意する

子どもが楽しく参加できているか気にかける

会場内の見回りを行う

保護者の協力をあおぐ

子どもが競技や応援を楽しんでいるか、飽きていないか、体調の悪そうな子どもはいないかなど、子どもをしっかり見守ります。同時に、来場者の動きにも目を向け、危険やトラブルに備えましょう。

> **Why**

- 当日は保護者のほか、近隣の方や小学校関係者など、不特定多数の人が会場に出入りします。来場者のチェック体制や会場内の見回りなどが必要です。
- 来場者が競技を妨げることのないよう、動線に配慮して交通整理を行う必要があります。

> ✓ **Check point**
> - ☐ 出入り口などで**来場者のチェック**をしたか
> - ☐ **会場内の見回り**は行っているか
> - ☐ 何か気になることはないか・**不審者**はいないか
> - ☐ **写真撮影**の約束事や注意事項などを来場者に伝えたか
> - ☐ **競技中**の子どもの安全を守る立ち位置についているか
> - ☐ **飽きている**子どもはいないか
> - ☐ **体調の悪そうな**子どもはいないか
> - ☐ **水分**をとれているか

気がかりがあったときは

- 不審な人、見たことがない人を見つけた場合は、意識的にあいさつをし、身元を確認する。
- 競技に支障をきたす人には、「どちらのご家族ですか」「どなたかお探しですか」などと声をかけ、本部と情報共有をしつつ、様子を見る。
- 飽きている子どもがいたら、「今、○○してるよねー。次はどうなるかな」など、子どもの興味がわくような言葉かけをしたり、道具の準備や応援などその子にできる手伝いを頼む。
- 体調の悪そうな子どもがいたら、本部へ連れて行き、顔色、唇の色、全身のかたさ、脱力の具合、発熱・嘔吐・腹痛があるかの確認を。著しく体調の悪い子どもは横にして状態を見ながら、水分、塩分、糖分などをとらせ、看護師がいれば対応してもらう。よくならない場合は119番に通報または相談ダイヤル＃7119で指示を受ける。

園行事 3

❸ 生活発表会

自由に表現する喜びが味わえる内容と進行にする

- 子どもの「やりたい！」を尊重して内容を決め、日常の中で無理なく準備を進める
- 参加したがらない子どもには無理強いしない
- 子どもの表情や子ども同士のやりとりに留意する

生活発表会では、子どもの主体性を大切にしながら、安心・安全に配慮して準備を進めます。当日は、子どもの姿に応じて臨機応変に対応します。

> **Why**

- 生活発表会は、子どもの成長を確かめられる貴重な機会です。保護者に見せることを意識しすぎないようにし、子どもが自由に表現する喜びを味わえるようにすることが求められています。

- 子ども同士、思いがぶつかってトラブルになることもあります。自分たちで解決していけるように見守るのが前提ですが、必要に応じて手助けも必要です。

✓ Check point

- ☐ 子どもの**主体性**を尊重しながら内容を決めたか
- ☐ 無理のない**スケジュール**で準備を進めているか
- ☐ 子どもの意に反して、活動を**無理強い**していないか
- ☐ 子ども同士の**トラブル**はないか
- ☐ 当日の流れを**保育者間で共有**したか
- ☐ 当日の保育者の**役割分担**はできたか

▼ 気がかりがあったときは

- 準備がうまくいかないときは、保育者の思い、意向を大切にしつつ、子どもの声を聞いて一緒にアイデアを考える。また、子どものペースを尊重し、長い目で日常を楽しみながら準備を進める。

- 子どもの気分が乗らないときは、無理にさせるのではなく、ゲームや遊びを取り入れる。

第2章 1年の安心・安全

4 季節の体調管理

① 春

環境の変化による心身の不調に注意する

- 子どもの顔色や表情などをよく観察し、体調の変化に気づけるようにする
- 家庭との情報共有や前担任からの引き継ぎを行う

新年度が始まる春は、
子どもも大人も環境の変化に心身が対応しきれず、
体調にまで影響することがあります。
体調管理に留意しながら、新生活を整えていくことが大切です。

Why

- これまで家庭にいた子どもが集団の場に入ることで、感染症にかかりやすくなります。入園の時点で保護者に伝え、理解を得ておきましょう。
- 新しい環境、人間関係で緊張が高まり、ストレスから体調を崩しやすくなります。子ども一人ひとりの体調の変化に目を配ります。

Check point

- ☐ 子どもの**家族構成**や**病歴**、**アレルギー**、**障害の有無**など基本情報を把握したか
- ☐ アレルギーや障害などに対応した**環境**、**体制**を整えたか
- ☐ 子どもの**顔色**や**表情**はどうか
- ☐ **鼻水**や**咳**、**発疹**、**熱**などはないか
- ☐ **新しい環境**に子どもは無理なくなじんでいるか

春に気をつけたい病気

風疹
おたふく風邪
りんご病
花粉症

気がかりがあったときは

- 子どもに心身の不調が見られたときは、保護者に連絡し、情報を共有しながら対応する。
- 新しい環境に子どもがなじめずにいるときは、前担任などの力も借りながら対応を工夫する。
- 緊張や疲れが見られるときには、室内でゆっくりできる時間がもてるようにする。

Plus

感染症が流行し始めたときは

　感染症が流行し始めたら、いち早く各家庭に伝えます。園ではもちろん、うがい・手洗いを徹底する、食事や睡眠などで免疫力を高めることなどで、少しでも感染が広がらないようにします。保護者も、子どもが感染症にかかる可能性があると認識していれば、それに備えて仕事を調整しておくこともできるでしょう。

4 季節の体調管理

❷ 夏

注意報や警報に留意し、活動の判断をする

[室内]

- 室温や汗のかき具合に合わせて衣服を調整
- エアコンは適温を維持

[屋外]

- 帽子は必ずかぶり、シェードなどで日差しを遮断する
- 虫刺されの予防をする
- 暑さ指数*をチェックし、外に出てよいか判断
- こまめに水分補給を行い、のぼせていないかなど、顔色を確認

暑さ対策がいちばんの課題。
熱中症にならないように注意しながら、
遊び方を工夫します。

> **Why**

- 夏の暑さは身の危険を感じるほどです。熱中症はもちろん、暑すぎることでの体力の消耗にも気をつけなければなりません。
- 外に出て遊べる時間が限られるため、子どものストレスが高まり、体力低下も心配です。室内でも体を動かして遊べるような場を用意する必要があります。

✓ Check point

- [ ] エアコンの**設定温度**は適切か・**体感温度**としてどうか
- [ ] **換気**はしたか
- [ ] 子どもの**顔色**はどうか
- [ ] 汗をかいて**濡れた服**は着替えさせたか
- [ ] **水分補給**はこまめにできているか
- [ ] 外に出るときに、子どもは**帽子**をかぶっているか
- [ ] **暑さ指数**、**光化学スモッグ**など**気象情報**を確認したか
- [ ] 園庭に**日陰**はあるか
- [ ] 室内で**体を動かせる環境**を設定したか
- [ ] **虫刺され**予防はしているか

▼ 気がかりがあったときは

- 顔が赤くなる、唇が青白くなる、ぐったりするなどは熱中症のサインです。すぐに応急処置をします。
- 気象情報や暑さ指数などを見て、少しでも危険があると感じたら、外に出ずに室内で過ごすようにします。

夏に気をつけたい病気

水いぼ
プール熱
食中毒

＊暑さ指数（WBGT：湿球黒球温度）とは、人間の熱バランスに影響の大きい気温、湿度、輻射熱の3つを取り入れた指標です。熱中症の危険度を判断する数値として、環境省では平成18年から暑さ指数（WBGT）の情報を提供しています。暑さ指数は乾球温度計、湿球温度計、黒球温度計による計測値を使って計算されます。暑さ指数が28を超えると、熱中症患者数が急増するといわれています。

【環境省】熱中症予防情報サイト　https://www.wbgt.env.go.jp/wbgt.php

第2章　1年の安心・安全

4 季節の体調管理

❸ 秋

行事で、子どもの心身に負担がかからないようにする

- 子どもの表情や行動をていねいに観察し、疲れなどに気づけるようにする
- 行事や練習への参加を、子どもが選べるようにする

（つかれちゃった…）

過ごしやすい季節ですが、寒暖差が激しく体調を崩しがち。行事が多い時期なので、準備などで子どもの心身に負担がかからないようにします。

> Why

- 園生活にも慣れ、活動が充実する一方、気のゆるみや行事が増えることによる忙しさから、思わぬトラブルが発生する可能性もあります。
- 季節の変わり目で体調を崩す子どももいます。生活リズムを整え、体力をつけていきます。

✓ Check point

☐ 気温に合わせた**衣服**の調節ができているか
☐ 季節の変わり目で**体調**を崩していないか
☐ **生活リズム**は整っているか
☐ 行事に追われて子どもの**負担**が増えていないか
☐ 行事や練習への**参加**を嫌がっていないか・**無理強い**していないか

秋に気をつけたい病気
マイコプラズマ肺炎
RS ウイルス
ノロウイルス
胃腸炎

気がかりがあったときは

- 子どもの表情や言動から疲れが見られたときは、保護者と連携しながら子どもの生活や活動を見直す。
- 感染症が流行り始める時期でもあるので、流行の兆しが見えたら早めに保育者間で情報を共有し、過ごし方や環境、活動内容を見直す。
- 行事の準備段階で子どもの負担が大きいと感じたときは、予定の変更も視野に入れ、見直す。

4 冬

寒さ対策を万全に、風邪などの感染症に注意する

換気をこまめに行い、加湿も忘れずに

厚着をしすぎず、必要に応じてマスクをつける

冷気は下のほうにたまる。子どもが寒くないか確認

インフルエンザなどの感染症が増え、体調を崩す子どもが多くなります。こまめな換気やうがいなど予防に努めます。衣服の調整にも注意しましょう。

Why

- 感染症が増える時期なので、こまめな換気と加湿を心がけ、予防に努める必要があります。
- 大人に比べて子どもは背が低く、冷えた床に近い部分で過ごします。子どもが暖かく過ごせるように配慮が必要です。

Check point

- ☐ **衣服**は適切か（薄着、厚着ではないか）
- ☐ **室温**は適切か・床に近い部分は寒すぎないか
- ☐ **隙間風**などは入ってこないか
- ☐ こまめに**換気**をしているか
- ☐ **加湿器**などを使用し、湿度の管理はできているか
- ☐ 子どもの**顔色**はどうか（赤くほてったりしていないか）
- ☐ **凍っている場所**はないか（転倒の危険がある）
- ☐ 雪や霜柱などで**段差**ができていないか・あらかじめ保育者が踏み固めたか

冬に気をつけたい病気

インフルエンザ
新型コロナウイルス感染症

気がかりがあったときは

- 着込みすぎで顔がほてっているような場合、衣服を調整し、保護者にも伝える。自分で判断できる子どもには、声をかけて様子を見る。
- 具合が悪そうな子どもがいたときは、職員室などに隔離し、ほかの子どもと引き離す。
- 凍っているなど、危険なエリアがあるときは、看板を立てたりロープを張るなどして、入らないようにわかりやすく示して伝える。

第2章　1年の安心・安全

5 年度末・卒園

❶ 卒園・引き継ぎ

期待と不安で混乱する子どもの心身を守る

- 子どもの表情や姿をよく見て、変化に気づく
- 保護者の不安を受け止める
- 引き継ぎの書類に書くべきことを精査する
- 子どもの不安を受け止める

年度末の慌ただしさと新年度への不安や期待で、大人も子どもも不安定になりがちです。子どもの変化を見逃さず対応するとともに、保護者にも気を配ります。保育者自身も気持ちを落ち着けて過ごしましょう。

Why

- ソワソワした雰囲気の中で、けがやトラブルが増えることがあります。子どもの表情や行動をよく見て、すばやく対応することが大切です。
- ていねいに子ども一人ひとりの引き継ぎを行うことが、スムーズな新年度のスタートにつながります。
- 1年間の成長を振り返り、子ども・保護者・保育者間で喜び合う時間を大切にすることで、絆が強まります。
- 卒園したら終わりではなく、困ったことがあればいつでも園に連絡してくださいねと伝えておくことで、継続した関係性が築かれます。

Check point

- ☐ **1年前**と今とで子どもはどのように**成長**したか
- ☐ **引き継ぎ**の書類は書き進めているか
- ☐ 子どもの**表情**や**様子**に気になるところはないか
- ☐ **連絡帳**や**保護者との会話**などから、**家庭での子どもの姿**に変化はないか
- ☐ **クラスの雰囲気**は落ち着いているか
- ☐ 小学校との**接続・連携**ははかれているか
- ☐ 次にその保育室を使うクラスのために、**整理・整頓**はできているか

気がかりがあったときは

- 子どもが不安を感じているときは、不安の正体を突き止め、それに合わせて対応する。甘えたい気持ちは受け止める。
- 子どもの姿に変化が見られたときは、家庭と連携しながら、対応を考える。

Message

臨機応変に動けるようになるための「守破離(しゅはり)」

保育をしていると、ときに予想もつかないことが起こります。
そんなとき、先輩がさっと動いて助けてくれることも。
自分ももっと臨機応変に動けたらいいのにと、
もどかしさを感じることもあるでしょう。

ですが、先輩もはじめから動けたわけではありません。

茶道や武道などの修行では、「守破離」という考え方があります。

守は、基本を覚え、身につける段階
破は、覚えた基本に、アレンジを加える段階
離は、基本とアレンジをふまえ、自分なりのやり方を体現する段階

保育の世界でも、同じように考えてみてはいかがでしょうか。
基本を身につけたうえで、アレンジを加え、
自分なりの保育を見つけていきましょう。

第3章
クラス担任の基礎知識

子どもの安心・安全を守る土台となる
「保者のポイント」6項目をまとめます。

ポイント 1

3つの「みる」を押さえる

保育の中では、子どもを「みる」という言葉をよく使います。
「みる」には、「見る」「観る」「診る」の3つがあり、
安心・安全のためにも、保育者は、この3つの「みる」を
押さえることが大切です。

今を 見る　全体の中での子どもを見守り、必要とされる行動をとること

目の横ぎりぎりに手をつけて、視界の中に入る子どもが何をしているか把握します。園庭や保育室などでは、複数の保育者の視界の端が重なり合うようにして、子ども全員を様々な角度からカバーできるようにしましょう。

全体を「見る」中で危険の可能性を察知したら、保育者はサッと動いて、子どもの危険な行動につながる要因を取り除き、子どもを危険から遠ざけます。

「必要とされる行動」もセットでの「みる」だということを忘れないでください。

「見る」のCheck項目

- ☐ 一人ひとりの子どもは、どこにいて何をしているか
- ☐ これからどんな動きをしていきそうか（行動予測）
- ☐ どのような感情を抱いているか
- ☐ 子どものまわりに危険なものや場所はないか
- ☐ 子ども同士のかかわりに、どのような関係構築の課題とリスクの兆候があるか
- ☐ 子どもの危険を回避するために必要なことは何か
- ☐ 予測できる行動にはどのようなものがあるか
- ☐ 駆けつけられる範囲で、子どもに目の届く保育者はいるか

> 長い時間軸で

観る　子どもの成長や人やものとのかかわりの様子を観察すること

　その場そのときの子どもの姿だけでなく、人やものとのかかわりも含め、中長期的な目線でで子どもの成長をとらえます。発達記録や連絡帳、要録などの記録を書くときに、このように「観る」ことが求められます。

「観る」のCheck項目（ここ数か月を振り返って）
- □ その子らしさや親子関係に変化はないか
- □ 子どもの表情や言動から、どのような成長を読み取ることができるか
- □ 子どもの言動から、子ども同士の「連続ドラマ」（関係性）に何が起きているか
- □ 発達の次の段階に向けて、どのような環境やかかわりが必要か

診る　身体に異常（熱、湿疹、腫れ、けがなど）がないか、視診を行うこと

　子どもの顔色や表情の異常、傷や腫れの有無などを確認するときの「みる」です。朝の視診の際などは、子ども一人ひとりをていねいに「診る」ことが求められます。

「朝の視診」のCheck項目　13ページ参照

・・・・・・・・・・・・・・・・・・・・・・・・・・・・・・・・・・

子どもをみて、動くまでの道のり

どの「みる」も一朝一夕では身につきません。
経験を積むことで、しだいに3つの「みる」が、
使い分けられるようになっていきます。

- 子どもの状況を把握する
- → 状況から、発達において必要なかかわりや、保育者がとるべき行動を検討する
- → 実際に必要な行動をとる
- → 子どもを目や手の届くところで見守り、声かけをする
- → できるだけ自発的に子どもが行動できるよう促す

第3章　クラス担任の基礎知識

ポイント 2

子どもとの信頼関係を築く

子どもとの信頼関係は、体験・発見・感動を分かち合うくり返しの中で
育まれていきます。これは保育における基本中の基本ですが、
子どもの安心・安全のためにも欠かせません。
楽しいこと、うれしいことを分かち合い、世界観を共有することで、
子どもとの信頼関係を築いていきます。

子どもとの信頼関係を築くポイント

● **手遊びなど、楽しい活動で「場」をつくる**
　子どもは歌や手遊びが大好きです。子どもの好きなことを覚えて、一緒に体験を楽しむことで、心が通いやすくなります。

● **うれしい、楽しい時間を積み重ねる**
　四季の移り変わりなど、気がついたことや感心したことを、「うれしいね」「びっくりしたね」「楽しいね」と言葉に出して感情を子どもと分かち合いましょう。ポジティブな体験が積み重なり、保育者への肯定的なイメージにつながります。

● **子ども一人ひとりと向き合う**
　子どもは一人ひとり、個性をもって生まれたユニークな存在です。発達をふまえつつ一人の人として向き合い、思いを伝え、言葉を交わし合いましょう。

● **子どもの意思を尊重する**
　一つひとつのことに対して、子どもは「こうしたい」「したくない」という意思をもっています。計画や流れもありますが、いったん「○○なんだね」と受け止め、こちらの事情を伝え、一緒に考えましょう。

● **できる、できないで判断しない**
　「○○ができる」「できた！」はわかりやすい姿ですが、そこに至るまでのチャレンジする意欲、取り組んでいく中でのとまどい、尊厳や喜び、達成感など、一つひとつに意味があります。非認知能力を意識してかかわりましょう。

言葉かけのコツ

● ポジティブに伝える

　子どもは、「走らないで！」と言われると走っているイメージが思い浮かび、その行動を強化することにつながります。子どもに伝えるときは、「こうしてほしい状態」を子どもがイメージできるような言葉にしましょう。

> ✕「〜しないと、〜になっちゃうよ」　○「〜すると〜できるから、〜しよう」

● かかわる人の気持ちを言葉にする

　子どもは、相手の気持ちがなかなか想像できません。子どもの行動を改めたほうがよいときには、それをすると相手にどのような影響が出て、どんな気持ちになるのかを言葉にして伝えましょう。そのうえで、具体的にどうするのがよいのか、そうすると相手はどう思うかも、言葉にして伝えます。くり返す中で理解できるようになり、少しずつ行動が変わります。

> ✕「〜しちゃだめだよ」
> ○「〜すると、〜が嫌な気持ちになるよ」　○「〜すると、〜はうれしい気持ちになるよ」

● 子どもが自分で考えるように促す

　大人から指示されるだけでは子どもの学びにならず、次への行動につながりません。状況を言葉で整理し、子ども自身が考えて選択する体験を通して、判断力が身につきます。

> ✕「〜しなさい」　○「〜するには、どうしたらいいかな？」

● マイナスの結果ではなく、プラスの意図に目を向ける

　一見、よくない行動に見えることも、背景には、子どもなりの理由があります。「よかれと思って」が裏目に出てしまうこともあるため、理由に耳を傾け、思いを尊重しつつ、必要があれば行動を改める提案をしましょう。

> ✕「花壇のお花を摘んだらダメでしょ！」
> ○「きれいなお花を飾ってくれようとしたんだよね。ありがとうね」

第3章　クラス担任の基礎知識

ポイント 3

職員間の連携を大切にする

保育はチームワークで成り立っています。
安心・安全を守りながら保育をするためにも、一人で抱え込まず
職員間のコミュニケーションを心がけましょう。

スムーズな連携のための姿勢

● **報告・連絡・相談を心がける**

連絡事項はこまめに伝え、気づいたことやエピソードなどは言葉にして共有し、子どもの成長を喜び合える関係をつくります。園内、クラス内で保育観を確認し、共通の目標に向けて、一緒に成長していける関係性が理想的です。

● **自己開示から始める**

まずは自分から相手に心を開くチャレンジを。子どもとのかかわりで困っていること、悩んでいることなどを相談したり、学びたいことを素直に伝えるようにしましょう。

● **他者理解に努める**

自分を相手に知らせ、相手を知ることで、コミュニケーションが深まります。会話を重ねる中で、子どもや仕事への思い、大切にしていることなどを探り、その人の個性やキャラクターを見極めましょう。

● 頼みごとや相談は、言葉づかいに配慮する

　先輩や同僚は、あなたが声をかけてくるのを待っています。声をかけるときは年齢やキャリアへの敬意が伝わる表現を心がけましょう。互いに気持ちのよい関係性を築いていきます。コミュニケーションのために、以下の言いまわしを声に出して練習しておきましょう。はじめは緊張しますが、慣れるとスムーズに声に出すことができます。

相手の心をほぐす「クッション言葉」

・お時間よろしいですか？
・お忙しいところ失礼いたします
・教えていただきたいのですが
・説明（言葉）が足りず、申し訳ありません

話しかけは「リクエスト」で

・私からのリクエストなのですが
・お願いできますか？
・していただけるとありがたいのですが

 Plus

「ペーシング」で、気持ちが通じ合う関係づくり

　ペーシングとは、相槌やうなずき、笑顔といった、非言語的な手段によって信頼関係を生みだそうとするコミュニケーションスキルです。
　呼吸や仕草、声の大きさ、高さ、視線、ペースを相手に合わせることによっても、相手は「自分は受け入れられている」と感じます。

第3章　クラス担任の基礎知識

ポイント 4

保護者とパートナーになる

とくに新人保育者にとっては、保護者は緊張する存在です。一方で、保護者にとって保育者は、子どもの育ちを支えるプロです。保護者と保育者は、子どもをともに育てるパートナーなのだという意識でかかわりましょう。

保護者の背景に思いを駆せる

保護者とのコミュニケーションがうまくいかないと感じるとき、保護者に何か事情があるのかもしれません。保護者の背景に思いをはせたうえで、コミュニケーションの方法を考えましょう。

考えられる背景

- 周囲に相談できる人がいない
- 助けを求めることに慣れていない
- 忙しくて心に余裕がない
- 「親」として成長している途中である
- コミュニケーションがもともと不器用である
- 子どもによって広がった人間関係に戸惑いがある

保護者と子どもの情報を共有する

1日の大半を子どもと過ごしている保育者は、子どもが輝く瞬間にたくさん出会えます。子どもの育ちを真ん中に、ともに学び、ともに成長していく関係性を目指して子どもの情報を保護者と共有し、喜怒哀楽を分かち合いましょう。

共有する内容

- 子どもの体調の変化
- やさしさや成長が感じられた場面
- 印象的なエピソード（行動や言葉、会話など）

保護者に寄り添った伝え方を心がける

　保育者として、保護者に子どもの気持ちを代弁することもあります。このとき意識したいのが、「保育者の"当たり前"は、プロフェッショナルの"当たり前"」であるということです。発達や子どもの気持ち、行動の背景など、保護者に見えていないことはたくさんあります。保護者の不安や疑問、憤りを受け止めつつ、保育の知識を言語化することで、保護者が理解しやすい伝え方を心がけましょう。

> 伝え方のポイント

- その知識や情報を知らないかもしれない、知らなくて当然だという前提で伝える
- 子どもの様子がイメージできるように、様々な方向から伝える
- 動画や写真などを使って共通理解が得られるように工夫する
- 朝の受け入れ、迎えの際は、保護者が安心感を得られるように、目線で保護者の存在を抱きしめるようにする
- エピソードは、そのときの感情を分かち合いながら伝える

相手が受け取りやすい伝え方の黄金ルール（例） Plus

相手にとって興味があること	子ども同士のけんかと聞くと、不安になりますよね。
＋	＋
保育の意図・背景・こちらの思い	子どもは、自分の思いを言葉で表現する練習をしています。はじめはうまく伝えられないので、くやしくて手が出そうになることもありますが、そばで見守りながら、思いを言葉にできるよう援助をしています。ご家庭でも、「○○な気持ちだね」と、気持ちを言葉にする練習を一緒にしていただけるとありがたいです。
＋	＋
お尋ね	ご家庭での取り組みについて、ご質問などはありませんか。

ポイント 5

保育者自身も心と体を守る

子どもの安心・安全を支えるためには、
保育者自身の安心・安全な環境への備えが必要となります。
そのためにはまず、健康管理が重要です。
保育者に起こり得るリスクと対策を紹介します。

感染症

風邪、インフルエンザ、胃腸炎などの感染症を子どもからもらいやすい。

対策
- 子どもの咳やくしゃみは、マスクで自衛する。手洗い・うがいの徹底、手荒れ対策にハンドクリームも忘れずに
- 予防接種をする
- 抵抗力を高めるために、たっぷりと睡眠をとり、規則正しい生活をする

腰痛

子どもを抱っこしたり、立ったり座ったりが多く、腰に負担がかかりやすい。

対策
- スクワットをするような姿勢で、ひざをしっかり曲げてしゃがみ、立ち上がる
- ふだんから運動をして、筋肉を鍛えておく
- 無理に重いものを持たず、援助を頼む

負傷

子どもが急に飛びついてきたり、子どもを守ろうとしてとっさに動いたりすることで、けがや骨折をしやすい。

こんなけがも…

- 落ちているおもちゃにつまずいて転倒
- 濡れた床で滑って転倒し、尾てい骨を強打
- 「先生大好き！」と突然子どもに後ろから飛びつかれ、頸椎を骨折
- 子どもを助けようと滑り込み、ひざを骨折

| 対策 |
- 広い視野をもち、子どもの行動を予測しながら保育する
- ヒヤリハットを共有し、対策を練る
- 職場で話し合い、知っておく　　など

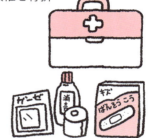

保育中の災害

いつどこで何が起こるかわからない。どの時間帯で、どのようなシチュエーションで起きてもおかしくない想定の下で準備する。

| 対策 |
- 避難訓練などで、自分がリーダーシップを取る想定で、決断と対応をシミュレーションしておく
- 自分の家族との安否確認などの方法を考えておく
- 速やかに避難、通報ができるように、自分の貴重品はバッグなどにひとまとめにしておく

心のメンテナンスを

忙しさの中での疲労、保護者とのトラブル、保育にまつわる悩みやプレッシャーなどは、早めの対策、日ごろのリフレッシュが大切です。

- 一人で抱え込まず、同僚や先輩など相談できる人をつくり、相談する
- 休日はしっかり休む
- 仕事以外の楽しみをもつ　など

ポイント 6

経験値ごとに 目指す保育の専門性

クラスを受けもったとき、
経験値や役職においても役割や専門性は異なります。
保育はチームで行うもの。チームの一員という意識をもち、園に貢献しましょう。

新人保育士

日常の中で、試行錯誤しながら体得していきましょう。また、園の方針を学び、わからないことはその都度、先輩や上司に相談して、解消していきます。

☆ 子どもと向き合う
☆ 子どもと信頼関係を築く
☆ 子どもへ指導する
☆ 保育記録を書く
☆ 保護者に対応する

中堅保育士・リーダー

研修の機会などを通じて視野を広げ、保育に深みをもたらしましょう。

☆ 保育の見通しがつく
☆「こんなこと、やってみたい！」と、アイデアが湧く
☆ 子ども理解を深めて、保育に反映できるようにする
☆ プライベートを楽しむ余裕をもち、常にインプットをする
☆ 理想の保育と現状を、楽しみながら埋めていく

ベテラン保育士・主任以上

他園と情報交換しながら、よりよい取り組み、よりよい工夫を自園に取り入れていきます。

☆ 遊びのネタ、声かけなど、保育技術のストックが増え、幅が広がる
☆ 想定外のことが起きても、経験や知識をもとに対処ができる
☆ 保育に安定感が出る
☆ 子どもとの一体感が味わえる
☆ 後輩と育ち合う喜びを感じる
☆ よりよい園にしていこうという思いが生まれる

・・・・・・・・・・・・・ **Message** ・・・・・・・・・・・・・

失敗は学びの入り口

はじめは、自分ができないことすらわからなかったかもしれません。うまくできず、落ち込んだこともあるでしょう。でも、それが次の課題です。そこに気がついたら、成長のチャンスです。意識すればできるようになり、くり返すうちに、気がつけばできるようになっていきます。

チャレンジはやがて成功につながります。失敗は学びの入り口なのです。

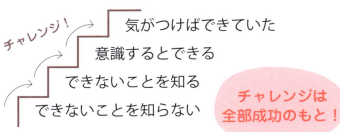

巻末資料

事故の初期対応
応急手当
食物アレルギー対応
救命処置
乳幼児突然死症候群
子どもがかかりやすい感染症

事故の初期対応

事故が発生したときの初期対応です。
ケースバイケースとなるため、くわしくは医療従事者の指示に従ってください。

◆ 緊急時の対応

いざというときのための、初期対応の手順をご紹介します。困ったらすぐに119番通報をしましょう。クラスに掲示・携帯するなどして、ご活用ください。

事故発生

1　状況確認・安全確認　　▶二次災害を防ぐ

2　大声で応援を呼ぶ　　▶まわりの子どもの安全確保

3　被害児の状況確認
- 反応がない
- 呼吸がない
- 頭を打ったあとの嘔吐
- のどに何かをつまらせた
- 大量の出血
- けいれん（5分以上続く、くり返す、唇が紫色のまま　など）
- やけど（広範囲、皮膚が黒く焦げていたり白くなっていたりする、感電した　など）
- アナフィラキシーショック　など

4　119番通報 ＋ AEDの準備

119番通報を迷う場合は、救急安心センター（♯7119）や園医に確認

連絡先（電話番号を記入して活用しましょう）

小児科	整形外科
皮膚科	救急病院
耳鼻科	タクシー
眼科	

巻末資料

応急手当

子どもに多い事故の応急手当をまとめます。

◆ 誤嚥や窒息

誤嚥や窒息のときの応急手当です。

急に咳き込んだり、苦しそうにしだしたり、呼吸困難が見られたりしたときは、気道異物を疑います。

気道異物の除去

乳児の場合

▼ 背部叩打法

① 膝の上に子どもをうつぶせに乗せ、手のひらで顔を支えて、頭を体より低くする。
② 子どもの背中の中心を、平手で連続して5回叩く。

※ 異物がとれなければ、続けて、胸部突き上げ法を行う。

▼ 胸部突き上げ法

① 膝の上に子どもを仰向けに乗せ、手のひらで頭を支えて、頭を体より低くする。
② 胸の真ん中を指2本で5回突き上げる。

※ 異物がとれなければ、背部叩打法に戻ってくり返す。

幼児の場合

▼ 背部叩打法

① 子どもの前胸部を、救助者の太ももで支えてうつぶせにし、頭が体より低くなるようにする。
② 子どもの背中の中心を、平手で連続して5回叩く。
※ 異物がとれなければ、続けて、腹部突き上げ法を行う。

▼ 腹部突き上げ法

① 子どもの後ろから脇の下へ、救助者の両腕を回し入れ、利き手で握りこぶしをつくり、反対の手でこぶしをつかむ。
② 子どものみぞおちの下に手を当て、こぶしを5回突き上げる
※ 異物がとれなければ、背部叩打法に戻ってくり返す。

※ 気づいたときに反応がなかったり、異物がとれずに反応がなくなったときは、直ちに心肺蘇生を始める。 113ページ参照

◆ 出血

出血が多いときは、すぐに救急車を呼び、到着まで止血処置を続けます。

▼ 直接圧迫止血法

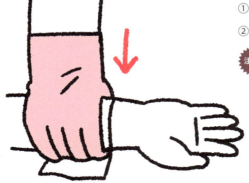

① 滅菌ガーゼを傷口にかぶせる。
② 上から握り、圧迫する。

注意！ 救助者は、直接血液に触れないよう、使い捨て手袋を利用しましょう。

鼻血の場合

① 子どもの顔を下に向けて、小鼻をつまむ。
② つまんだ指を上方の鼻の骨に向かって圧迫する。

◆ けいれん

子どもがけいれんを起こしたら、衣服をゆるめて様子を見ます。吐く様子があれば、体を横に向けて気道を確保してください。

短時間で治まり、意識がしっかりしていれば、様子を見て受診します。

以下の姿がある場合は、119番通報または相談ダイヤル **#7119** で指示を受けてください。

☐ 意識を失った（心停止の可能性）。心肺蘇生を始める　113ページ参照
☐ 何度もくり返しけいれんが起こる
☐ 唇がむらさき色になっている
☐ けいれんが5分以上続いている

◆ 熱中症

　熱中症は、屋外だけでなく、室内でも起こります。以下の姿は、熱中症のサインです。

- ☐ 顔が赤い　☐ 唇が青白い　☐ 汗をかかない　☐ 顔色が悪い
- ☐ 元気がない・ぐったりしている　☐ ふらふらしている

　このような姿が見られたら、涼しい場所に移動し、水分補給を行いましょう。わきの下、首、後頭部、額などを、濡れタオルなどで冷やすのも有効です。
　以下の姿がある場合は、119番通報または相談ダイヤル #7119 で指示を受けてください。

- ☐ 意識がもうろうとしている　☐ ふるえがある
- ☐ 体温が極端に高い　☐ 水分が取れない

◆ やけど

　やけどは、以下のような応急手当を行い、症状に応じて病院を受診します。
- ● 痛みがなくなるまで流水で冷やす（目安は 10～15 分）
- ● 衣服の上からやけどをした場合は、無理に脱がさず衣服の上から冷やす
- ● 包帯をせず、滅菌ガーゼやタオルでやさしくおおう

注意! みずぶくれができた場合は、つぶさないようにします。

　以下の姿がある場合は、119番通報または相談ダイヤル #7119 で指示を受けてください。

- ☐ やけどの範囲が広い
  （子どもの場合、体表面積の 10～15% 以上で重症）
- ☐ 痛がって動かせない
- ☐ 意識がもうろうとしている
- ☐ 意識がない

食物アレルギー対応

食事中または食後に、
子どもの様子がおかしいと感じたら、
症状を確認し、適切な対応をします。

子どもの様子がおかしい

① 症状の確認

消化器の症状	呼吸器の症状	全身の症状
・くり返し吐き続ける ・持続する（がまんできない）おなかの痛み	・のどや胸が締めつけられる ・持続する強い咳込み ・声がかすれる ・ゼーゼーする呼吸 ・犬が吠えるような咳 ・息がしにくい	・唇や爪が青白い ・ぐったりしている ・脈がふれにくい。または不規則 ・尿や便をもらす ・意識がもうろうとしている

1つでも症状がある → **アナフィラキシーの可能性が大きい**

② ただちにエピペンを使用する
⇒エピペンの使い方は113ページ

③ 救急車を呼ぶ

④ できるだけその場であお向けに寝かせ、救急車を待つ

- 足を15～30cm高くする
- 呼吸が苦しそうなときは、上体を少し高くする
- 嘔吐の症状があるときは、顔を横向きにする
- 移動させる必要がある場合は、横抱きまたは担架で運ぶ

上記の症状がない → **軽度のアレルギー反応だと考えられる**

「与薬依頼書」の届け出がある	「与薬依頼書」の届け出がない
↓	↓
預かっている処方箋を与薬または塗布する	保護者に連絡し、小児科を受診してもらう

エピペンを使用し10～15分しても症状の改善が見られず、救急車が到着しない

呼びかけに反応がある	反応がなく、呼吸がない場合
↓	↓
次のエピペンを使用する	心肺蘇生を行う

参考：「喘息予防のためのよくわかる食物アレルギーガイドブック」（独立行政法人環境再生保全機構）

救命処置

命の危険がある症状が起きたときは、
救急車の要請とともに、一次的な救命処置が求められます。

心肺蘇生法と AED

適切な処置のために、講習会を活用したり、動画などを見て、事前の訓練を行っておきましょう。

【日本赤十字社】
心肺蘇生とAEDの使い方〜JRC蘇生ガイドライン2020対応〜

https://www.youtube.com/watch?v=NGNaD_UY-A4

エピペン®

適切な処置のために、講習会を活用したり、動画などを見て、事前の訓練を行っておきましょう。

【東京都保健医療局】
保育施設等向け食物アレルギー緊急時対応ガイダンス

https://www.hokeniryo1.metro.tokyo.lg.jp/allergy/measure/epipen.html

乳幼児突然死症候群

睡眠中の赤ちゃんの死亡を減らすために、
守りたいポイントがあります。

【こども家庭庁】
乳幼児突然死症候群（SIDS）について

https://www.cfa.go.jp/policies/boshihoken/kenkou/sids

巻末資料

子どもがかかりやすい感染症

感染の拡大を最小限にするためにも、症状やうつりやすい時期などを把握しておきましょう。

	病名	潜伏期間	感染経路	主な症状と経過
登園許可が必要な病気	麻疹（はしか）	8〜12日	空気感染 飛まつ感染 接触感染	高熱、咳、鼻水、くしゃみ、目やにで始まり、いったん熱が下がるころ、口の中にコプリック斑が出現。再び熱が上がると同時に発疹が耳後部から広がる。
	風疹（三日ばしか）	16〜18日	飛まつ感染 接触感染	細かい発疹が全身に出る。発熱やリンパ腺が腫れることもある。3〜4日で発疹が消える。
	水痘（水ぼうそう）	14〜16日	空気感染 飛まつ感染 接触感染	赤みのある丘疹が、3〜4日で次々に水疱になり、最後はかさぶたになる。
	流行性耳下腺炎（おたふくかぜ）	16〜18日	飛まつ感染 接触感染	発熱（出ない場合もある）。耳の下、顎の下が腫れる。乳児では感染していても症状が現れないこともある。
	百日咳	7〜10日	飛まつ感染 接触感染	特有の咳（コンコン、ヒューヒュー）が続く。発熱することは少ない。
	インフルエンザ	1〜4日	飛まつ感染 接触感染	突然の高熱が3〜4日続く。全身症状（全身倦怠感、関節痛、筋肉痛）を伴う。のどの痛み、鼻水、咳がある。
	咽頭結膜熱（プール熱）	2〜14日	飛まつ感染 接触感染	高熱、咽頭痛、目やに、目の充血（結膜炎）がある。
	流行性角結膜炎（はやり目）	2〜14日	目やにによる接触感染 飛まつ感染	目の充血、目やに、涙目、幼児の場合、目に膜が張ることもある。
	急性出血性結膜炎	1日前後または2〜3日	飛まつ感染 接触感染	強い目の痛み、結膜の充血・出血、目やに、角膜の混濁などがある。
	新型コロナウイルス感染症	5〜14日（オミクロン株は3日程度）	飛まつ感染 エアゾル感染 接触感染	発熱、呼吸器症状、頭痛、倦怠感、消化器症状、鼻汁、味覚異常、嗅覚異常など。

予防接種	休園の目安	留意事項	うつりやすい時期
MR混合ワクチン（生ワクチン）	解熱後3日を経過するまで	感染力は極めて高く、免疫のない人はほぼ100％が感染する。	発熱出現1～2日前から発疹出現の4日後まで
	発疹がなくなるまで	とくに妊婦への感染を防止することが重要。	発疹出現7日前から出現後7日間まで
生ワクチン	すべての発疹がかさぶたになるまで	感染力は極めて高く、免疫のない人はほぼ100％が感染する。	発疹の出る1～2日前からかさぶたになるまで
生ワクチン任意接種	耳下腺、顎下腺、または舌下腺の腫脹が発現した後5日を経過し、かつ全身状態が良好になるまで	髄膜炎、睾丸炎、卵巣炎、難聴を起こすことがある。	発症3日前から耳下腺腫脹後4日
四種混合DPT（不活化ワクチン）	特有の咳がなくなるまで、または5日間の適正な抗菌薬による治療が終了するまで	無呼吸発作、肺炎、中耳炎、脳症に注意する。とくに乳児は重症になりやすい。	咳出現後3週間
不活性ワクチン任意接種	発症後5日間を経過し、かつ、解熱後、幼児は3日を経過するまで	肺炎、気管支炎に注意。ウイルスの検出は発熱後約半日以上経過しないと正しく判定できないことが多い。	症状がある期間
無	主要症状消失後2日を経過するまで	夏季に流行が見られる。	発熱、充血などの症状が出現した数日間
無	医師が伝染の恐れがないと認めるまで	角膜炎による視力低下に注意。手洗いの励行、タオルを個別にする。	充血、目やにどの症状が出現した数日間
無	医師が伝染の恐れがないと認めるまで	目やにや分泌物には触れない。	
任意接種	発症後5日を経過し、症状が軽快した後1日を経過するまで	発症後5日間が特に感染を広めるリスクが高い。	発症2日前から発症後7～10日間

巻末資料

子どもがかかりやすい感染症

	病名	潜伏期間	感染経路	主な症状と経過
登園許可証は必要でないが医師の判断が必要な病気	溶連菌感染症	2〜5日	飛まつ感染 接触感染	高熱、のどの痛み、発疹、イチゴ舌。熱が下がると皮膚が膜状にむけてくることもある。
	手足口病	3〜6日	飛まつ感染 接触感染 経口感染	手、足、口腔内に水疱ができる。発熱、のどの痛みを伴う水疱が口腔内にできる。
	伝染性紅斑（リンゴ病）	4〜14日	飛まつ感染	両頬に蝶のような形の紅斑。頬に発疹の現れる5〜10日前に微熱・風邪様の症状が現れることが多い（感染力の強い時期）。発疹が現れたときはほとんど感染力なし。
	伝染性膿痂疹（とびひ）	2〜10日	接触感染	虫刺されなどをかきこわして、細菌がつき、水疱、膿疱となる。痒みが強い。膿疱が破れ、新しい皮膚に広がる。
	突発性発疹	9〜10日	接触感染 経口感染	高熱が3〜4日続き、熱が下がると同時に全身に発疹が出る。発熱のわりに機嫌がよいことがある。
	感染性胃腸炎	ロタは1〜3日 ノロは12〜48時間	経口感染 接触感染 飛まつ感染	嘔吐、下痢（乳幼児は白色調であることが多い）。
	ヘルパンギーナ	3〜6日	飛まつ感染 接触感染 経口感染	発熱、のどの痛み、口の中に赤い発疹。のどの痛みなどで食事、飲水ができないことがある。
	RSウイルス感染症	4〜6日	飛まつ感染 接触感染	発熱、咳、鼻水などで発症し、多くは1週間程度で回復する。保育園児は1歳までにほとんどが初感染する。とくに0歳児では入院が必要なほど重症化することがある。生涯に何度もかかることがある。
	マイコプラズマ肺炎	2〜3週間	飛まつ感染	風邪症状（高熱3〜4日・咳など）。咳が頑固に続く。発熱しないときもある。発疹、中耳炎を伴うこともある。

予防接種	休園の目安	留意事項	うつりやすい時期
無	抗菌薬内服後24〜48時間を経過するまで	回復期に急性腎炎、リウマチ熱に注意。	抗菌薬内服後24時間経過するまで
無	発熱がなく、ふだんの食事がとれるまで	おむつの取り扱いに注意。爪が剥離する症状が見られることがある。	手足や口腔内に水疱・潰瘍が発症した数日間
無	全身状態がよくなるまで	秋から春にかけて流行するが、最近は夏にも散発している。	発疹出現前の1週間
無	皮疹が乾燥しているか、湿潤部位が覆える程度になるまで	かきこわさないように爪を短く切っておく。ぐじゅぐじゅしている部分はガーゼで覆い接触しないようにする。	効果的治療開始後24時間まで
無	解熱後、全身状態がよくなるまで	比較的軽症の疾患だが、熱性けいれんなどを合併することもある。	
ロタウイルスは有経口生ワクチン	症状が治まり、ふだんの食事がとれるまで	脱水症状に注意。手洗いの励行。嘔吐物や便の取り扱いに注意。	症状のある間と消失後1週間
無	発熱がなく、ふだんの食事がとれるまで	唾液は1週間未満、便からは数週間ウイルスが排泄される。おむつの取り扱いに注意。	急性期の数日間
無	重篤な呼吸器症状が消失し、全身状態がよくなるまで	2歳以上の園児や大人がかかるとRSウイルスと気づかずに感染を拡大させてしまうことがあるので要注意。	呼吸器症状のある間
無	発熱や激しい咳が治るまで	肺炎は学童期、青年期に多いが、乳幼児では典型的な経過をとらないことが多い。	適切な抗菌薬治療を開始する前と開始後数日間

参考：「保育所における感染症対策ガイドライン」2018年改訂版（2023年10月一部改正）（こども家庭庁）

松原美里（まつばら みさと）

合同会社ウメハナチャイルドケアコミュニケーションズ・保育コミュニケーション協会代表・保育士・幼稚園教諭

北海道網走市生まれ。横浜女子短期大学を卒業後、横浜市の保育園、川崎市の児童養護施設に勤務。認定こども園保育園部施設長を経て、現在は静岡を拠点に全国で活動。コーチング・心理学・NLP・システム思考等を学ぶ。保護者向けの子育て支援講座、新人・中堅の保育者向けのコミュニケーション研修、管理者向けのマネジメント研修を提供し、「参加者が主役」「笑顔あふれるワーク」が好評を博す。著書は、『ワークでモヤモヤを解消！メンバーの個性が生きる保育リーダーのマネジメント力40のポイント』（中央法規出版）、『輝く保育者のコミュニケーションスキル34』（黎明書房）。

Special Thanks

保育コミュニケーション協会オンラインサロンメンバー
（岩本香　原沢子　宮嶋順子　他）
飯塚大輔、北山茂、神谷将司

保育の研修、安心・安全の情報を随時発信中！

ウメハナチャイルドケアコミュニケーションズ　HP
https://umehanarelations.com/

● ウメハナチャイルドコミュニケーションズが運営する「保育コミュニケーション協会」では、【子ども安全検定】を実施します。子どもの主体性を高めるには、安全というベースが不可欠。【子ども安全検定】を通して、保育の場で子どもの安全・健康・安心を守るための基礎知識を学び、保育者としての質を高めます。

● 本書は【子ども安全検定】の公式テキストです。検定を受けることで、個々人のスキルアップはもちろん、職員全体で知識やポイントを共有し、コミュニケーションの取り方を再確認することができます。

検定の詳細・お申し込みはこちらから▼

「子ども安全検定　保育コミュニケーション協会」で検索
https://kodomoanzenkentei.com

これだけは押さえておきたい
子どもの安心・安全を守る
場面別　保育のチェックポイント

2025年3月20日　発行

著　　　者　　松原美里
発　行　者　　荘村明彦
発　行　所　　中央法規出版株式会社
　　　　　　　〒110-0016
　　　　　　　東京都台東区台東 3-29-1　中央法規ビル
　　　　　　　Tel 03(6387)3196
　　　　　　　https://www.chuohoki.co.jp/

印刷・製本　　新津印刷株式会社
編集協力　　　こんぺいとぷらねっと
　　　　　　　（茂木立みどり　鈴木麻由美）
装丁デザイン　吉田香織（CAO）
本文デザイン　ベラビスタスタジオ（岡本弥生）
カバー・本文イラスト　みやれいこ

定価はカバーに表示してあります。
ISBN978-4-8243-0243-4

本書のコピー、スキャン、デジタル化等の無断複製は、著作権法上での例外を除き禁じられています。また、本書を代行業者等の第三者に依頼してコピー、スキャン、デジタル化することは、たとえ個人や家庭内での利用であっても著作権法違反です。

落丁本・乱丁本はお取り替えいたします。

本書の内容に関するご質問については、下記URLから「お問い合わせフォーム」にご入力いただきますようお願いいたします。
https://www.chuohoki.co.jp/contact/

A243